KB114423

생각도
생각이
필요해

© 2021 by Jon Acuff
Originally published in English under the title
Soundtracks: The Surprising Solution to Overthinking by Baker Books,
A division of Baker Publishing Group
P.O. Box 6287, Grand Rapids, MI 49516, U. S. A.
All rights reserved.

Used and translated by the permission of Baker Publishing Group
through rMaeng2, Seoul, Republic of Korea.

This Korean edition © 2022 by Winners Book, Seoul, Republic of Korea

이 한국어판의 저작권은 알맹2를 통해 Baker Publishing Group과 독점 계약한 위너스북이 소유합니다.
저작권법에 의하여 한국 내에서 보호를 받는 저작물이므로 무단 전재 및 복제를 금합니다.

유쾌하고 과학적인 '엉터리 생각' 퇴치술

존 에이커프 지음 | 김문주 옮김

생각도
생각이
필요해

위너스북 WINNER'S BOOK

이 책에 대한 24인의 찬사

여러분의 서사를 바꿀 준비가 되었다면 존 에이커프가 여기서 여러분을 도울 것이다. 단순하지만 강력하고 풍부한 책이다. 앞으로 살아가면서 매일 떠올리게 될 책이기도 하다.　　**세스 고딘** 「보랏빛 소가 온다」의 저자

존 에이커프는 이 책을 통해 성공으로 가는 길에 숨겨진 장애물을 식별해내고 이를 물리칠 방법을 알려준다. 그러니 구매 결정에 대해 너무 지나치게 생각하지 말자. 그저 이 실용적이고 재미있는 책을 집어 들고 메모할 준비나 하자.　　**다니엘 핑크** 「새로운 미래가 온다」의 저자

이 세상은 역경과 부정적인 생각, 산만함으로 가득 차 있다. 존 에이커프는 이런 세상에서 여러분이 좀 더 명료해지고, 도전을 받아들일 힘을 길러서 정신의 전투에서 승리할 수 있도록 혁명적인 책을 써냈다. 그는 여러분이 지나치게 많은 생각을 무시무시한 문제에서 어마어마한 힘으로 바꾸는 방법을 훌륭하게 제시한다! 이 책은 꼭 읽자!　　**존 고든** 「에너지 버스」의 저자

나는 이 책을 읽고 바로 감탄하고 말았다. 매혹적인 이야기와 탄탄한 연구의 조합을 보고 있자면, 『생각도 생각이 필요해』가 지금껏 나온 에이커프의 책 가운데 최고라고 믿게 된다. 그리고 이 말은 많은 의미가 담겨있다! 그는 우리가 단순히 타고난 것이라 믿어온 생각의 결함을 찾아냈다. 게다가 우리의 사고 과정을 좀 더 생산적으로 만들어줄 실생활의 해결책까지 전해준다. 존 에이커프는 이 책을 쓰기 위해 이 세상에 태어났다고 해도 과언이 아니다.　　**앤디 앤드루스** 「폰더 씨의 위대한 하루」의 저자

과학이 파티가 될 수 있을까? 이 책을 읽으면 그럴 수 있다는 느낌이 든다. 현명하고, 실천이 가능하며, 연구에 기반한 파티가 여러분을 깔깔 웃게 할 것이다. 그리고 책을 덮을 때쯤이면 다시는 생각에 관해 이전과 같은 방식으로 생각하지 않으리라고 다짐할 것이다.

켄드라 아다치 《뉴욕타임스》 베스트셀러 『게으른 천재의 비법』의 저자

당신은 지나치게 생각을 많이 하는 사람인가? 그렇게 생각해본 적 있다면 존의 새 책을 꼭 읽어보도록.

짐 개피건 코미디언, 『음식: 사랑 이야기』의 저자

우리의 삶에서 생각은 가장 중요하다. 하지만 인간다움과 건강이라는 문제를 다룰 때 가장 고려되지 않는 부분이기도 하다. 존은 이 책을 통해 우리에게 올바르게 생각하는 길을 알려주었고, 그 길은 더 건강한 생활과 더 성공적인 인생으로 이어질 것이다. 존 에이커프는 우리가 직업적으로나 개인적으로 되고 싶은 모습으로 이끌어줄 가이드다.

애니 F. 다운스 베스트셀러 작가, 팟캐스트 〈댓 사운즈 펀〉 진행자

나는 리더들에게 얼마나 자주 '그 결정에 관해 지나치게 많이 생각하고 있어요'라고 말했는지 모른다. 생각과잉은 집중력의 천적이다. 나는 존 에이커프가 이 중요한 주제에 대해 신선한 관점을 가지고 이 판에 등장해줘서 기쁘다.

마이클 하이얏 《뉴욕타임스》 베스트셀러 『비전이 이끄는 리더』의 저자

뛰어난 책 표지에 뛰어난 내용! 밝은 희망이 보인다! 여러분이 생각하는 방식을 바꾸고 그렇게 함으로써 인생을 급진적으로 바꿀 수 있는지 궁금하다면 『생각도 생각이 필요해』를 읽어보자. 내가 아는 모든 사람이 읽었으면 하는 책이다.

밥 고프 《뉴욕타임스》 베스트셀러 『사랑으로 변한다』의 저자

세상에나, 존 에이커프! 당신이 나를 위해 이 책을 쓴 게 아닐까 싶을 정도다. 그렇게 생각하는 사람이 나 혼자가 아닐 거란 느낌도 든다. 나는 이 책을 통해 내가 웃음을 터트릴 줄 알았고, 교훈을 얻을 줄도 알았다. 다만 예상하지 못했던 점은 내가 생각하는 방식이 바뀌었다는 점이다. 나는 한동안 이 책에 관해 이야기할 것 같다.

젠 햇메이커 《뉴욕타임스》 베스트셀러 『사납게, 자유롭게, 활기차게』의 저자

존 에이커프만큼 재미있고 위트 넘치고 우리를 생각하게 만드는 사람은 거의 없다. 여러분은 깊은 깨달음을 얻음과 동시에 깔깔 웃으면서 그의 지혜가 담긴 이야기에 완전히 빠져버릴 것이다. 『생각도 생각이 필요해』는 강력한 필독서다.

제퍼슨 베스키 《뉴욕타임스》 베스트셀러 『가족을 되찾아라』 저자

여러분의 생각에는 힘이 있다. 나는 그러한 원칙을 믿으며 물 위에서 수십 년을 보냈다. 존 에이커프가 새로운 책 『생각도 생각이 필요해』와 함께 생각의 중요성에 관해서 깊이 다이빙해 들어오는 모습을 보다니 기쁘다.

레어드 해밀턴 서퍼, '레어드 슈퍼푸드' 공동 창업가

생각과잉은 본질주의의 천적 가운데 하나다. 존이 『생각도 생각이 필요해』를 가지고 중요한 문제를 위한 싸움에 함께 뛰어든 모습을 보니 정말로 힘이 난다.

그렉 맥커운 『에센셜리즘』의 저자

존은 우리의 복잡한 생각을 뻥 뚫린 고속도로 위에 풀어놓는다. 그럼으로써 우리의 가장 나은 모습을 향해 달려갈 수 있게 된다. 『생각도 생각이 필요해』는 여러분이 평생을 찾아다닌 자신감을 향해 정신과 영혼의 속도를 높여준다.

카를로스 휘태커 동기부여 연설가, 『야생에 들어가다』, 『모멘트 메이커』의 저자

우리는 모두 머릿속에서 들리는 자신을 갉아먹는 메시지와 힘겹게 싸운다. 이 메시지는 우리가 모든 것을 과하게 생각하도록 만들고, 좋은 인간관계를 유지하는 것과 통찰력 있는 목표를 달성하는 일을 방해한다. 존 에이커프의 책은 우리의 마음이 새로운 방향으로 향하게 이끌어주는 선명한 스킬맵을 제공해주며, 모든 것을 바꿔놓을 수 있는 변혁적인 메시지를 만들어낸다. 존 에이커프의 책은 조사를 바탕으로 한 실용적인 조언을 따스하고 재미있는 문체로 풀어놓은 흔치 않은 책이다. 『생각도 생각이 필요해』를 읽는다면 결코 후회하지 않을 것이다.

존 타운센드 《뉴욕타임스》 베스트셀러인 『대화의 기술』 저자

우리는 지금 당장 이 책이 필요하다. 존 에이커프는 여러분이 생각하고 행동하고 성공하는 방식을 바꿔놓을 것이다!

바네사 반 에드워즈 베스트셀러 『캣치: 마음을 훔치는 기술』의 저자

지나치게 많이 생각하는 일을 멈추고, 자신감을 키우고, 실제로 여러분이 꿈꿔오던 일을 해내는 것이 가능할까? 존 에이커프는 그럴 수 있음을 증명했다. 『생각도 생각이 필요해』는 실천 가능한 조언과 날카로운 통찰력, 유머 넘치는 일화들을 적절히 섞은 이상적인 믹스 테이프다. 몇 번이고 되감아서 계속 듣고 싶다. 볼륨을 한껏 높여서 말이다.

토냐 달튼 베스트셀러 『잊히는 즐거움』의 저자

존 에이커프는 단순함이라는 날카로운 칼을 들고 생각과잉의 숲으로 성큼성큼 들어와서는 우리가 모두 따라갈 수 있는 아름다운 글의 길을 내어놓았다. 꼭 따내야 할 목표가 있다면, 생각이 여러분에게 저항하는 것이 아니라 여러분을 위해 움직이길 바란다면 될 수 있는 한 빨리 『생각도 생각이 필요해』를 읽을 것.

린지 티그 모레노 베스트셀러 『주목을 끄는 사람』의 저자

밤마다 내 머릿속에서 펼쳐지는 절대로 끝 수 없는 수다의 향연에 시달리던 어느 날 아침 『생각도 생각이 필요해』를 집어 들었다. 처음 몇 페이지를 읽는 것만으로 인생을 바꿔놓을 만한 것을 발견했다. 나는 내 뇌보다 위대한 존재라는 것이다. 여러분에게 저항하는 것이 아닌 여러분을 위해 작동하는 생각의 힘을 받아들이고 싶다면 이 책은 반드시 읽어야 할 책이다.

제스 엑스트롬 『밝은 면을 좇아라』의 저자

이 책에 있어서 가장 좋은 점은 존 에이커프가 정말로 읽기에 재미있는 책을 썼으며 공부하는 것처럼 느껴지지 않는다는 것이다. 하지만 이 책을 읽고 나면 여러분은 달라지고, 더 현명해지고, 더 적극적인 사람이 되어 있을 것이다. 이는 마치 체육관에 가려고 생각하는 것만으로 결국에 근육질 몸매로 변신하는 것이나 마찬가지다.

브라이언 코펠만 〈빌리언스〉와 〈라운더스〉의 공동제작자이자 작가

똑똑한 사람들은 이 정도로 재미있지 않다. 재미있는 사람들은 이 정도로 똑똑하지 않다. 존 에이커프는 어쩐지 두 재능 모두를 갖췄고, 나는 그가 그런 사람이라 기쁘다. 여러분들도 일단 『생각도 생각이 필요해』를 읽으면 그렇게 느낄 것이다.

샘 콜리어 베스트셀러 『더 위대한 이야기』의 저자

존 에이커프가 날린 또 한 방의 홈런. 여러분의 한정된 주의력을 어떻게 분배해 사용할 것인지는 성공과 인생의 만족도에 있어 아주 중요하다. 지나치게 많은 생각에 빠져서 정신 회로를 낭비하는 일은 여러분의 인생을 낭비하는 일과 같다. 『생각도 생각이 필요해』에서는 가장 중요한 것을 향한 소음을 줄이고 없앨 수 있는 간단하고 효과적인 전략을 알려준다.

토드 헨리 『루틴의 힘』의 저자

우웩, 존 에이커프, 어떻게 이런 짓을 저질렀지? 존은 우리에게 도움을 줄 뿐 아니라 웃기기까지 한다. 그리고 우리를 웃게 만든 다음엔 우리 인생을 완전히 다시 생각하게 만든다. 지금까지 한 것만으로는 부족하다는 듯이, 존 에이커프는 자기가 쓴 책들 가운데 실질적으로 최고의 책을 써냈다. 『생각도 생각이 필요해』는 통찰력으로 가득하며, 믿음직스러우면서도 심기에 거슬릴 정도로 재능 있는 친구가 건네준 쪽지처럼 읽힌다.

브래드 몬타구 키드 프레지던트의 고문, 『더 훌륭한 어른이 되는 법』의 저자

나는 평생 부정적인 자기 대화를 통해 좌절된 생각과 싸워왔지만 왜 그래야 하는지 이해할 수 없었다. 『생각도 생각이 필요해』를 읽은 뒤 나는 나 자신을 더 깊이 이해할 수 있게 됐을 뿐 아니라 부정적인 생각을 바꿔놓는 법을 알게 되었다. 존이 내게 이 책의 추천사를 써달라고 부탁했을 때 나는 그 점에 대해 지나치게 생각할 필요조차 없었다.

크리스 길아보 『사이드 프로젝트 100』의 저자

프롤로그

나는 이 비밀을 나누기까지 13년을 기다렸다. 오래 걸려서 미안하지만, 그 비밀은 아주 간단하고 뻔해서 더 좋은 아이디어가 있지 않을까 하고 계속 기다린 것이다. 어쩌면 내가 독특한 상황에 놓여 있었기에 통했던 행운이었을지도 모른다고 생각했다. 벌어졌던 모든 일이 우연이라면 다른 누군가에게 그렇게 해보라고 가르쳐봤자 전혀 도움이 안 될 것이 분명했다. 만약 내가 그 비밀을 공유한다면 사람들은 나를 이상하다고 생각할 것 같았다. 따라서 나 혼자 간직하는 게 낫다고 판단했고, 나는 그렇게 했다.

이 비밀은 나를 내슈빌로 데려다줬다.* 내 책이《뉴욕타임스》베스트셀러에 오르도록 도와줬다. 나를 포르투갈과 그리스, 심지어 캐나다 방방곡곡으로 보내주었다. 더 자세한 이야

---

* 저자는 내슈빌 라이먼 오디토리움에서 열린 돌리 파튼의 공연 오프닝을 맡았다.

기는 듣자마자 여러분의 입이 떡 벌어질까 봐 말해줄 수 없을 뿐이다.

13년 동안 나는 이 비밀을 내 주머니 안에 꼭꼭 숨겨두고선 내 경력과 인맥, 건강 등 인생의 모든 면을 바꿔놓는 데 써먹었다. 그러면서 점점 궁금해졌다. 이 비밀이 도움 되는 사람은 정말 나 하나일까? 마침내 연구원인 마이크 피슬리 박사와 함께 조사에 착수했고, 내가 알아낸 그 문제로 인해 고군분투하고 있느냐고 만여 명의 사람들에게 물었다. 그 가운데 99.5%가 그렇다고 대답했다.

'좋아, 좋아, 그러니까 도움받는 게 나 하나는 아닐 거야.'

그런데도 나는 여전히 비밀을 모조리 나눌 준비가 되어 있지 않았다. 우선 비밀을 찔끔 잘라내어 전 세계 몇천 명의 사람들에게 실험해볼 뿐이었다. 마이크 피슬리 박사는 그 결과를 분석했고, 우리 둘 다 충격을 받았다. 내 말은 진정으로 놀랐다는 의미다. 버즈피드 같은 인터넷 매체에서 말하는 '이 연예인 발의 생김새에 여러분은 충격받을 것이다'라는 식의 놀라움이 아니라.

참고로 나는 마이크 피슬리 박사를 언급할 때마다 '박사'라는 학위와 함께 이름 전체를 다 쓰려고 한다. 왜냐하면 여러분이 이 책을 읽다가 종종 '이 글은 너무 발랄해서 과학적이라고 보기가 어렵겠어'라고 생각할지도 모르기 때문이다. 하지만 과학적인 글이 맞다. 마이크 피슬리 박사에게 물어보시라. 나와 함께 했으니까.

13년이 지나고 나서야 마침내 나는 준비가 되었다. 여러분이 내게 가까이 오면 그 비밀이 무엇인지 말해주려 한다.

나는 지나치게 넘쳐나는 생각을 무시무시한 문제에서 어마어마한 힘으로 바꾸는 방법을 발견했다.

．．：**i**：．목차 ．．：**i**：．

| 제1장 | **나, 할 수 있을 거 같아**

| 제2장 | **선택은 여러분의 몫**

제1장

나, 할 수 있을 거 같아

생각과잉의 상태는 우리의 생각이 우리가 원하는 걸 얻는 데 방해가 되는 경우를 말한다. 이는 세상에서 가장 값비싼 대가가 따르는 문제 중 하나다. 우리의 시간과 창의성, 생산성을 갉아먹기 때문이다. 생각과잉은 손 하나 까딱하지 않으려는 나태함이 온몸에 퍼지고, 옴짝달싹 못 하게 갇혀버린 기분이 쓰나미처럼 몰려오는 것이다. 12년 전 나는 그런 상태에 지배당하고 있었다.

나는 언젠가 결국 하게 될 일들에 대해 '생각만 많고 행동은 하지 않기'계의 일인자였다.

"제발 과하게 생각하는 건 그만둬." 직장동료들은 사정했다.

"그건 다 당신의 망상이라고요." 아내도 애원했다.

"그 길에서 좀 비켜요." 내가 무거운 머리를 가진 괴물처럼 비틀거리며 거리를 지나갈 때 길 가던 초등학생들이 이렇게 소리치기도 했다.

나라고 약속 장소인 레스토랑에 주차 자리가 충분할지 1,345번 생각하고 싶었을까? 석 달 전, 마트에서 친구에게 했던 바보 같은 말을 곱씹느라 오후 내내 고민하고 싶었을까? 혹시나 일이 잘못 흘러갈 수도 있는 경우의 수를 과하게 생각하느라 월급 올려달라는 말은 꺼내지도 못한 채 한 달을 흘려보내고 싶었을까?

당연히 아니다. 하지만 내가 어떻게 할 수 있었겠는가? 생각은 떠오르는 것이지, 우리가 갈고 닦는 대상이 아니다. 우리는 생각을 통제할 수 없지 않은가? 그래서 우리는 생각에 관해 이야기할 때면, 생각을 주체적으로 작동하는 어떤 존재처럼 묘사한다.

'내 생각이 갈피를 잃었어.'

'생각이 달아나버렸네.'

'걔는 그 생각에 정신이 나가버렸지 뭐야.'

우리는 비록 삶의 다른 영역에서는 주도적인 사람일지라도, 생각만큼은 통제할 수 없는 어떤 생명체로 취급하는 경향이 있다. 예를 들어, 아침 운동을 반드시 실천하기 위해서 전날 밤에 운동복을 챙겨놓는다. 미리 옷을 준비해두는 행위로 원하는 결과를 달성하게끔 통제하는 것이다. 하지만 누군가가 생각에 관해 이렇게 이야기하는 것을 들어본 적 있는가? '내일 열리는 회의를 위해서 머릿속에 반드시 다섯 가지 생각을 골라둘 거야.' 다음처럼 말하는 동료를 본 적은? '새로 온 매니저에 관한 소문을 좀 들었어. 하지만 그것 때문에 색안경을 끼고 우리 관계를 단정짓고 싶지 않아. 아무런 편견 없이 그 매니저를 알아갈 수 있게, 옳고 그름을 따지려는 생각은 집에 두고 올 거야.' 내 주변에는 그렇게 말하는 사람이 아무도 없었다.

그러나 나는 우리가 생각을 통제하지 않는다면, 생각이 우리를 통제한다고 생각한다. 내가 몇십 년 동안 사소한 것을 과하게 고민하느라 정말로 이루고 싶은 것에 대해서는 오롯이 결정 내리지 못한 것도 당연하다.

어느 날 오후, 정말로 뜬금없이 오클라호마주州의 어느 마케팅 코디네이터로부터 이메일을 받았다. 그 사람은 내 블로그를 봤다면서 전혀 예상치 못한 요청을 했다.

"우리 콘퍼런스에 오셔서 강연 좀 해주실 수 있나요?"

나는 '못하겠어요'라고 대답했어야 했다. 그전까지 돈을 받고 강연을 해본 적이 없었으니까. 나는 주제와 기승전결을 갖춘 연설문을 써 본 적이 한 번도 없었다. 행사기획자와 일해본 적도 없고, 아주 사소하긴 하지만 오클라호마주에 가본 적도 없었다. 당시에 나는 기업 카피라이터로 일하면서 십 년 동안 작지만 점진적인 경력의 변화를 이뤄왔다. 하지만 대중 앞에서 말을 해본 적은 없었다. 그런데 신기하게도 오직 이 생각만이 떠올랐다.

'나, 할 수 있을 거 같아.' 나의 막연한 이 생각은 소심한 승낙으로 이어졌으며, 그로 인해 완전히 다른 삶으로 흘러가게 되었다.

나는 첫 강연을 하기 훨씬 전에, 미국프로풋볼리그(NFL) 선수 협회에서 선수용 교재로 사용될 책을 쓰기 훨씬 전에, 라이먼 오디토리움Ryman Auditorium에서 열린 돌리 파튼 공연의 오프닝을 맡기 훨씬 전에, 내가 가진 능력치에 대해 생각하는 방식을 바꿨고 그 덕에 모든 것이 바뀌었다.

강연을 승낙한 그날, 나는 놀라운 사실로 다가가는 첫걸음을 내디뎠다. 우리가 생각을 통제할 수 있다는 사실로 말이다. 우리는 과하게 넘쳐나는 생각을 행동으로 바꿀 수 있다. 그리고 그로 인해 되찾게 된 많은 시간과 창의성과 생산성을 가지고 우리가 원하는 삶을 만들어 갈 수 있다. 그것이 바로 우리의 인생을 위한 개인맞춤형 사운드트랙이다. 이 모든 것은 우리의 생각을 제대로 인식하는 것에서부터 시작한다.

우리의 인생을 빚어내는 내면의 사운드트랙

나는 건즈 앤 로지즈의 '스윗 차일드 오 마인Sweet Child O' Mine'을 들을 때면 스케이트보드 전문 잡지《트래셔Trasher》를 펼쳤을 때 나는 종이 냄새가 떠오른다. 이어서 매사추세츠주 허드슨에 있는 에지우드 드라이브 2번가 바닥에 앉아서 스케이트 보더들의 사진을 잘라내는 나의 모습도 선명하게 떠오른다. 그때 우리는 '스케이트가 아니면 죽음을 달라'라는 정신으로, 캘리포니아의 스케이트 보더들을 모으는 지루한 스크랩북을 계속 만들고 있었다.

롭 베이스 앤 DJ EZ 록Rob Base & DJ EZ Rock의 '잇 테익스 투It Takes Two'를 들을 때면 곧바로 친구 데이브 브루스네 집 지하로 날아가 버린다. 우리는 될 수 있는 한 빨리 가사를 외운 뒤, 서로 주거니 받거니 목소리를 높여 노래 불렀다. 그리고 마음 놓고 Z. 카바리치Z. Cavaricci 브랜드 바지를 살 수 있을 만큼 부자가 되기를 바랐다. 나는 의도하지 않았으나 그때처럼 마이크를 쥐고 무대를 쥐락펴락하는 것으로 유명해지긴 했다.

카운팅 크로우즈의 '미스터 존스Mr. Jones'를 들으면 프레이밍햄에 있는 쇼핑몰 주차장에서 데이트 상대인 헤더에게 노래 가사를 들려주려고 애쓰는 내 모습이 떠오른다. 내부가 인조나무로 꾸며진 엄마의 파란색 미니밴 안이었다. 나는 그녀가 나처럼 카운팅 크로우즈의 보컬 아담 듀리츠에게 감동하지 않는 게 짜증이 났는데, 카세트테이프를 되감기는 쉽지 않았다. 노래는 정말로 모호한 예술이다. 그녀가 노래에 대해 더 길게 말할수록 통하는 부분을 찾기는 점점 더 어려웠다.

앞서 내가 꼽은 세 가지 노래의 제목을 읽다 보면 여러분도 개인적 추억이 담긴 노래가 떠오를 것이다. 인생을 살면서 자기도 모르게 구성된 플레이리스트는 저녁 모임에서 흥미로운 대화를 끌어낸다. 그러나 음악은 방대한 이야기 속 일부일 뿐이다. 가장 좋아하는 노래보다 더 자주 귀 기울이게 되는 것은 내면의 사운드트랙, 즉 여러분의 생각이다.

지난 몇 년간 여러분은 본인 경력에 관한 생각을 해왔을 것이다. 그 외에 인간관계와 여러분이 믿는 희망과 꿈, 목표 등 인생의 다른 측면에 관한 생각도 있을 것이다.

어떠한 생각에든 충분히 귀를 기울인다면 그 생각은 개인적

어떠한 **생각**에든
충분히 귀를 기울인다면
그 생각은 개인적인
플레이리스트 일부가 된다.

인 플레이리스트 일부가 된다. 음악으로 이뤄진 사운드트랙은 순간을 완전히 변화시키는 힘이 있다. 식당과 체육관은 이 사실을 알고, 영화도 이 사실을 알고 활용한다. 하지만 생각으로 이뤄진 사운드트랙은 더욱더 강력하다. 건즈 앤 로지즈의 기타리스트 슬래쉬를 폄하하자는 것은 아니지만, 생각은 단순한 배경음악보다 훨씬 더 크게 울려 퍼진다. 은퇴한 해군 특전사 데이비드 고긴스는 이렇게 말했다. "여러분이 하게 될 가장 중요한 대화는 자기 자신과의 대화다. 나 자신과 대화하며 일어나고, 그 대화를 하며 돌아다니고, 그 대화를 품고 잠자리에 든다. 그리고 그 대화는 행동으로 옮겨진다. 좋은 대화든, 나쁜 대화든 간에."

여러분이 귀 기울이는 내면의 사운드트랙이 긍정적인 내용이라면, 여러분의 생각은 창의력과 희망이 가득 찬 새로운 모험으로 이끌어주는 최고의 친구가 될 수 있다. 반면 엉터리 사운드트랙에 대해 생각하고 또 생각하느라 온종일 시간을 보낸다면, 생각은 여러분이 인생을 살면서 바라는 모든 것들을 행동으로 옮기지 못하게 저지하는 최악의 적이 된다.

블루투스와 미국의 인기 라디오 채널 시리우스 XM이 등장하기 아주 오래전에, 내 대학 룸메이트인 스투는 디즈니 채널만 나오는 고장 난 라디오가 달린 자동차를 가지고 있었다. 내가 부모라면야 큰 문제가 아니다. 시끄러운 페파피그*가 곧 방

---

* 분홍색 돼지 페파네 가족의 따뜻한 이야기를 다룬 어린이 방송이다.

송될 테니까. 하지만 한나 몬타나*의 노래를 꽝꽝 울리며 캠퍼스를 돌아다닌다고 생각하면 약간은 오싹해진다. 내 룸메이트는 자동차의 사운드트랙을 전혀 제어하지 못했다. 이는 우리가 우리의 생각을 다루는 방식이기도 하다. 우리는 스스로 생각을 바꿀 수 있다고 생각하지 않기 때문에 내면의 사운드트랙을 그저 운에 맡기는 경향이 있다. 그런데 자신이 들을 사운드트랙을 직접 만들고 큐레이팅하지 않는다면, 안타깝게도 원하지 않는 음악만 줄줄이 듣게 될 뿐이다.

❖ 여러분의 뇌는 진짜 얼간이일 수 있다 ❖

우리가 모두 동의하는 부분부터 시작해보자. 여러분과 나, 우리 모두에게는 뇌가 있다. 뇌는 논리와 추론, 머라이어 캐리의 '올 아이 원트 포 크리스마스 이즈 유All I Want for Christmas Is You' 같은 곡을 만들어내는 등의 멋진 일을 해낼 수 있다. 머라이어 캐리는 이 노래 덕에 대략 6,000만 달러에 이르는 저작권료를 벌어들였다. 이러한 점이 그다지 멋지지 않다고 감히 말하지 말자.

우리 뇌가 할 수 있는 여러 가지 일 가운데 또 하나는 생각과

---

* 낮에는 평범한 학생이고 밤에는 팝스타로 활약하는 주인공이 등장하는 어린이 시트콤이다.

잉이다. 이는 여러분의 뇌가 예상보다 더 오랫동안, 더 집요하고 반복적으로 한 가지 생각이나 아이디어에서 맴도는 것이다. 그러다 보면 생각은 부정적인 쪽으로 기운다. 뇌의 의지에만 맡겨 두었다가는 여러분이 되새기고 싶지 않은 일들을 향해 자연스럽게 끌려가기 때문이다. 몇 가지 사례를 들려주겠다.

아주 오래전 여러분이 했던 바보 같은 말을 다시 한번 떠올리기 위해 애를 쓴 적이 있는가? 혹은 30대에 접어든 나이임에도 중학교 2학년 때 벌어졌던 수치스러운 상황을 떠올리기 위한 해야 할 일 목록을 작성했던가? 아니면 상사가 월요일 아침에 회의하자고 부른 이유가 무엇인지 주말 내내 고민하기 위해 달력 위에 메모를 붙여두었던 적은? '나는 이번 주 토요일 오후 2시에 불안의 파도에 휩쓸릴 예정이야!' 여러분은 이렇게 작정하지 않았을 것이다. 당시에 하고 있던 일과 전혀 관계없는 생각이 예상치 못하게 불쑥 튀어나왔을 뿐이다.

이것이 바로 '엉터리 사운드트랙', 즉 자기 자신과 상황에 관해 스스로 들려주는 부정적인 이야기이다. 엉터리 사운드트랙은 여러분이 요청하거나 노력하지 않아도 자동으로 재생된다. 공포심에는 노력이 필요하지 않다. 의심에는 노력이 필요하지 않다. 불안감에는 노력이 필요하지 않다.

나는 그러한 엉터리 사운드트랙에 관한 모든 것을 알고 있다. 그 사운드트랙 때문에 7년이라는 기회의 시간을 놓쳐 봤으니까. 나는 2001년 첫 블로그를 시작했다. 페이스북이 존재하기 3년 전, 유튜브가 존재하기 4년 전, 트위터가 존재하기 5년 전, 틱톡이 존재하기 16년 전부터 우스꽝스럽고 개인적인 콘텐츠를 온라인에서 공유한 것이다. 나는 기술적인 선구자는 아니었다. 그러기엔 그런 사람들의 상징이라 할 수 있는 후드티셔츠도 몇 벌 없었다. 하지만 시대를 앞서갔던 건 사실이라, 조금씩 탄력을 받고 있었다. 그렇게 일이 잘 풀리고 있었음에도 나는 모든 것을 곱씹어 생각하기 시작했다.

'내가 사실 스스로도 뭘 하는지 잘 모른다는 걸 다른 누군가가 눈치채면 어쩌지?'

'대체 어떻게 흘러가는 거야?'

'블로그를 키울 수 있는 완벽한 계획이 없다면 무슨 의미지?'

이 세 가지 사운드트랙과 그 외 수천 가지 잡음으로 인해, 나는 결국 7년 동안 인터넷을 멀리했다. 이후 2008년이 되어서야 다시 블로그를 시작했다. 그 7년의 세월을 들여 독자와 콘텐츠를 키웠더라면 내가 얼마나 발전했을지 그 누가 알까? 가장 불만스러운 부분은 내 인생에 끼어든 그 모든 엉터리 사운드트랙이 전혀 초대받지 않은 손님이었다는 점이다.

시카고대학교 심리학 교수인 폴 로진Paul Rozin은 영어라는 언어에 트라우마와 반대되는 의미를 지닌 단어조차 없음을 깨닫고 이 현상을 연구했다. 로진의 협력자, 로이 F. 바우마이스터는 『부정성 편향』(2020)이라는 자신의 저서에서 이렇게 말했다. "트라우마에는 반대말이 없다. 제아무리 즐거운 사건이라도 그토록 오래 기억되는 효과가 없기 때문이다. 우리는 의식적으로 과거의 행복한 순간들을 떠올린다. 반면 청하지도 않았는데 머릿속에 갑자기 떠오르는 기억들, 심리학자들이 '비자발적 기억'이라고 부르는 그 기억들은 행복하지 않은 경향이 있다."

엉터리 사운드트랙을 재생시키는 생각과잉은 뇌의 다음과 같은 세 가지 행위를 통해 발전된다.

1. 기억을 지어낸다.
2. 가짜 트라우마를 진짜 트라우마와 혼동한다.
3. 이미 믿고 있는 대로 믿는다.

우리는 가끔 기억이 고프로 카메라와 같아서 훗날 되돌아볼 수 있도록 실시간의 일들을 그저 포착해버린다고 생각한다. 간단한 일, 복잡한 일, 행복한 일, 고통스러운 일 등 모든 것은 그저 우리가 나중에 언제든지 꺼내 볼 수 있는 인생이라는 긴 영화 한 편에 담기게 된다고 믿는 것이다.

말콤 글래드웰은 세계적으로 브랜드화가 되어버린 그만의 통찰력으로 자신의 팟캐스트 〈리비저니스트 히스토리Revisionist History〉에서 '기억'이라는 주제를 다뤘다. 글래드웰은 그중 한 에피소드에서 뉴스 기자 브라이언 윌리엄스의 결백을 증명하려는 뜻밖의 행동을 보였다.

윌리엄스는 〈NBC 나이틀리 뉴스〉의 진행자로 잘나가던 와중에 터무니없는 거짓말로 인해 경력 전체가 몽땅 망가져 버린 인물이다. 2013년 3월 23일, 윌리엄스는 데이비드 레터맨에게 자신이 10년 전 이라크 전쟁 취재를 갔다가, 자신이 타고 있던 헬리콥터가 적군에게 공격을 당했다고 말했다. 이런 건 누구나 기억할 만한 큰 사건이기에, 나는 윌리엄스와 같은 경험을 한 적이 없다는 것을 안다. 아마 여러분도 마찬가지이리라. 하지만 윌리엄스는 자신이 그랬다고 착각했다. 윌리엄스는 어떻게 그토록 잘못된 생각을 하게 되었을까?

반복적인 섬광기억은 진실에서 눈멀게 한다

글래드웰은 팟캐스트에서 윌리엄스에게 공감을 표한 기억 전문가들과 이야기를 나눴다. 그 전문가들은 극적인 사건을 생생하게 기억하는 '섬광기억'에 대한 중요 연구를 언급했다.

일부 섬광기억은 나라 전체가 공유하기도 한다. 윌리엄 호스트와 연구팀은 사람들이 9·11테러에 대해 가진 기억을 주제로 10년 동안 연구를 진행했다. 내가 지금 당장 세계무역센터가 무너지던 날 어디에 있었는지 묻는다면 여러분은 아마도 기억해낼 수 있을 것이다. 나는 당시에 무직인 상태로 매사추세츠주에 있는 알링턴의 집에서 라디오를 듣고 있었다.

호스트가 몇 년 동안 참가자들의 기억을 연구한 결과 놀라운 사실을 발견했다. 기억이 변한다는 점이었다. 세월이 흐르면서 참가자들이 기억하는 세부적인 부분들이 바뀌었고, 조금만 변한 것도 아니었다. 호스트는 평균적으로 "기억의 일관성은 60% 감소했으며, 이것은 대답의 60%가 시간이 흐름에 따라 바뀌었다는 의미"라고 밝혔다.

더 어이없는 점은 우리 기억의 정확성이 떨어진다고 해도 그 기억에 대한 확신은 줄어들지 않는다는 것이다. 1986년 우주왕복선 챌린저호가 폭발한 다음 날, 니콜 하쉬Nicole Harsch와 율릭 나이서는 학생들에게 그 비극적인 소식을 어떤 방식으로 들었는지 물었고 학생들은 답을 써냈다. 약 3년 후 같은 학생들에게 같은 질문을 했고, 40% 이상의 학생들이 두 번째에는 다르게 대답했다. 기억이 왜 바뀐 것일까? 잘못된 섬광기억을 만들어내는 원인 가운데 하나는 '사건의 기억을 되풀이하는 정도, 즉 사람들이 그 사건을 기억해내는 빈도'다. 지나치게 넘쳐나는 생각이 혼란함을 만들어내는 것이다.

섬광기억이 9·11테러나 챌린저호 폭발 수준의 사건일 필요는 없다. 해고당한 적 있는가? 애인에게 차인 적 있는가? 회의에서 직장동료가 여러분에게 고함을 친 적 있는가? 늦잠을 자서 비행기를 놓친 적 있는가? 이러한 일들은 국가적 비극과 비교하면 의미 있는 사건처럼 보이지 않을 수도 있지만, 똑같이 지나친 생각으로 이어진다. 이것이 바로 여러분의 뇌가 바보 같은 두 번째 이유다. 가짜 트라우마와 진짜 트라우마를 혼동하여 어려움을 겪게 하는 것이다. 미시간대학교 의과대학 연구자들은 우리가 사회적 거절을 경험하면, 뇌에서 육체적 트라우마를 겪었을 때 분비되는 것과 같은 종류의 아편유사제가 분비된다는 것을 발견했다. 연구 참가자들이 사회적 거절이 연구의 일부이며, 가짜라는 사실을 알고 있는 경우에도 결과는 같았다. 우리의 뇌는 똑같이 비상 단추를 누르고 감정적 고통에서 살아남도록 돕기 위해 온몸에 아편유사제를 퍼붓는다. 가짜 거절을 마주했을 때도 여러분의 몸은 진짜 화학물질을 분비하는 것이다.

고등학교 2학년인 자녀가 식당에서 가장 좋아하는 자리를 빼앗긴 일을 걱정거리로 털어놓을 때, 부모로서 당신은 별문제 아니라고 말하고 싶을 것이다. 전체 인생을 놓고 보면 그다지 중요한 일이 아니기 때문이다. 그러나 식당에서의 문제 자체는 별 게 아닐지라도, 그 일을 트라우마로 받아들인 열여섯 살짜리 딸은 아편유사제에 푹 절어버린 상태가 된다. 이게 훨씬 더 심각한 일이다.

이처럼 우리의 기억은 거짓말을 하고, 우리의 뇌는 진짜 트라우마와 가짜 트라우마 간의 차이를 구별하지 못한다. 이 두 가지 난제만으로도 충분히 힘겨운데, 생각과잉 쓰리 콤보의 세 번째 주인공이 등장한다. 바로 확증 편향이다. 우리 뇌는 이미 믿고 있는 대로 믿기를 좋아한다. 우리는 우리의 신념과 일치하는 정보와 경험에 자석처럼 끌린다. 예를 들어 머릿속으로 울려 퍼지는 사운드트랙 가운데 하나가 '나는 최고로 정신 나간 엄마야'라면, 하교 시간에 맞춰 아이를 데리러 가는 길에 3분만 늦어도 그 사운드트랙을 굳게 믿게 된다. 그날 아침 두 아이를 제시간에 등교시키고, 온종일 일을 하고, 저녁 메뉴를 고민하고, 이번 주말 축구 경기에 데려다주기 위해 카풀 계획을 세워두었나 하더라도, 우리의 뇌는 그 엉터리 사운드트랙에 부합하지 않는 새로운 증거는 무엇이든 무시한다.

생각의 주도권은 당신에게 있다

여러분의 뇌가 진짜 바보처럼 굴 수 있음을 알게 된 마당에도 생각을 운에 맡기고 싶은가? 성공한 사람들이 스스로 사운드트랙을 선택하지 않았다면 어떻게 되었을까? 엉터리 사운드트랙이 우리의 행동을 좌지우지하는 동안 놓치게 될 모든 기회와 도전을 떠올려보자.

엉터리 사운드트랙은 우리를 두렵게 만드는 가장 설득력 있는 형태다. 어느 한 사운드트랙에 자주 귀를 기울이다 보면, 다음번에 들을 때는 그것을 더욱 쉽게 믿게 된다. 어떤 아이디어를 떠올려 놓고 너무 멍청해서 어디에 써놓을 수조차 없다고 판단한 적 있는가? 그게 바로 엉터리 사운드트랙이다. 누군가가 문자에 답을 하지 않는 이유를 두고 본인이 실수한 게 무엇인지 고민한 적 있는가? 그게 바로 엉터리 사운드트랙이다. 호주머니 안에 배심관이라도 들어 있는 것처럼 새로운 기회가 생길 때마다 꼬치꼬치 따지며 그 기회를 좇을 수 없게 만든다고 느낀 적 있는가? 그게 바로 엉터리 사운드트랙이다.

긍정적인 소식은 여러분이 뇌보다 위대한 존재라는 점이다. 뇌는 그저 여러분의 일부이기에, 팔이나 다리를 움직이듯 통제할 수 있다. 심지어 여러분과 나는 신경 가소성*의 존재를 인지하고 살아가지 않는가. 여러분의 부모님 세대는 스스로 뇌의 형

---

* 뇌가 성장과 재조직을 통해 스스로 신경회로를 바꾸는 능력을 말한다.

태와 기능을 바꿀 수 있다는 것을 몰랐다. 부모님의 부모님 세대에서는 니코틴이 폐의 모세혈관을 확장해주기 때문에 투르 드 프랑스*에 참가하는 사이클리스트들에게 담배가 도움 된다고 생각했다. 아마도 우리의 아이들 세대는 유기농 모래 맛이 나지 않는 비건 치즈를 개발해낼 것이다.

의식적인 생각을 통해 뇌를 물리적으로 바꿔놓는 현상인 신경 가소성은 생각과잉의 해결책이 생각을 멈추는 것이 아님을 의미한다. 왜 우리는 그토록 강력하고 효율적인 '생각'이라는 도구를 이용하려 하지 않는가? 엉터리 사운드트랙을 끄기만 할 게 아니라, 다양한 사운드트랙을 가지고 우리의 뇌를 굴리는 것이 좀 더 옳은 일 아닐까? 비행기는 폭탄을 떨어뜨릴 수도, 식량을 전달할 수도 있다. 주사기로는 독극물을 주입할 수도, 약물을 주입할 수도 있다. 말은 놀라서 우르르 도망가 버릴 수도, 아니면 경주에서 이길 수도 있다. 이는 우리의 생각에도 마찬가지로 적용된다. 걱정할 수 있다면 확신을 가질 수도 있다. 의심만 할 수도, 혹은 주도할 수도 있다.

우리는 책을 쓸 능력이 안 된다고 몇 년 동안이나 말하던 뇌가 정반대로 '넌 책을 쓸 수 있어! 책을 써야만 해! 그래야 할 때야!'라고 이야기하게 할 수 있다. 이 점을 잘 알아야만 한다. 나는 33살까지 단 한 권의 책도 내지 않았다. 그러나 이후 11년 동안에는 일곱 권의 책을 냈다. 어떻게 했냐고? 새로운 사운드

---

* 매년 7월 프랑스에서 개최되는 세계 최고 권위의 일주 사이클 대회다.

트랙에 귀를 기울이기 시작한 것이다.

나는 '대중강연가가 될 수 있어'라고 믿기 위해 2008년부터 그 사운드트랙을 선택해 들어왔다. 단순히 스스로에게 격려의 힘을 불어넣는 것이 아닌 뇌의 형태를 바꾸는 방식으로 말이다. 단 하루만이 아니라 매일 그렇게 생각했더니 그 생각은 정말 나의 것이 되었다. 신경재생 덕분이었는데, 관련 이론에 따르면 '매일 아침 일어나면 새로운 아기 신경세포가 태어난다. 우리가 자는 동안 태어난 이 신경세포는 해로운 생각을 파괴하고 건강한 생각을 회복시키기 위해 우리가 마음대로 사용할 수 있다'고 한다.

이처럼 우리의 뇌는 매일 우리를 기다린다. 어떤 생각을 하라고 이야기해주기를 기다린다. 우리가 어떤 사운드트랙을 선택할 것인지 기다린다. 뇌는 우리가 정말로 다른 인생을 만들어가길 원하면서 기다리고 있다.

생각을 바꾸면 행동도 바뀐다

긍정적인 사운드트랙은 좋은 상황으로 이끌어준다. 그 반대로 우리를 나쁜 상황에서 벗어나도록 도와줄 수도 있을까? 인생이 원하는 대로 흘러가지 않을 때 사운드트랙은 어떤 역할을 해줄까? 엉망이 되어버린 무언가를 재건하기 위해 우리의 생각을 어떻게 이용할 수 있을까?

보스턴의 콜린 배리는 2001년 닷컴버블 붕괴의 결과로 직장을 잃게 되면서 이러한 질문을 마주했다. 콜린은 다큐멘터리 영화 연구자와 배급업자로서 받던 과거의 월급 수준을 유지하기 위해 세 가지 일을 병행해야 했다. 그 가운데 하나는 깁슨 소더비 국제부동산의 작은 사무실에서 접수 담당자로서 전화응대를 하는 것이었다. "제가 가고 싶은 방향은 아니었어요." 콜린은 내게 이렇게 말했다. "저는 전화를 받으며 최저임금을 벌고 싶었다기보다, 창작 분야로 돌아가고 싶었어요." 그 순간 생각과잉에 빠져버린 뇌가 아주 시끄러운 소리를 내면서 다음과 같은 엉터리 사운드트랙을 틀어버릴 수도 있었다.

자격: 전화 받는 일을 꼭 해야 하나? 이건 내 능력보다 못한 일이야.

후회: 원래의 직업은 내가 그럭저럭 앞가림이나 하려고 하는 이 세 가지 일보다 훨씬 좋은 거였지.

공포: 다시 한번 경제가 망해서 이 세 일자리마저 잃게 되면 어쩌지?

비난: 내가 일자리를 잃은 것은 내 잘못이 아니야. 인생은 정말 불공평해.

체념: 내 인생은 앞으로 영원히 이런 식이겠지.

콜린은 이러한 생각에 귀를 기울이는 대신 새로운 관점에서 상황을 바라보기로 결심했다. "저는 무언가를 깨달았어요. 고객들을 위해서만이 아니라 나를 위해서도 이 일을 해야 한다는 사실요. 저의 성장을 위해 직접 길을 개척해야만 했어요. 회사는 내게 길을 제시하지 않을 거였어요. 내 길을 발견하고 하루를 잘 보내고 싶다면 스스로 상황을 바꿔야만 했죠." 그녀가 말했다.

과거 콜린의 꿈은 이제 이룰 수 없는 것이 되어버렸지만, 그는 현재에서 꿀 수 있는 새로운 꿈을 꾸기로 결심했다. "제 경력이 후퇴해버린 것에 실망만 하는 대신 가능한 한 최고의 고객서비스를 제공하는 것을 직업으로 삼자고 생각했죠."

'나는 시시한 일을 해'라고 말하는 사운드트랙에 귀 기울이지 않고 '내 일은 최고의 고객서비스를 제공하는 거야'라는 자신만의 사운드트랙을 만들어내기로 한 것이다. 비슷한 처지의 다른 사람들은 상황이 사운드트랙을 좌우하도록 내버려 두었을 수도 있다. 매번 공항 푸드코트에서 퉁명스럽고 건성으로 샌드위치를 내어주는 점원이 그 사실을 증명한다. 하지만 콜린은 딱 그 반대로 했다.

일단 올바른 사운드트랙을 고르면 올바른 행동으로 이어진다. 삶은 항상 그렇게 흘러간다. 생각은 행동할 수 있는 능력을 부여해주고, 그다음에는 성과를 만들어낸다. "저는 인맥을 활용해 커피머신과 커피 캡슐을 마련했고, 사무실에 손님이 올 때마다 에스프레소나 카푸치노를 권했어요." 콜린은 이렇게 말했다.

지치고 스트레스 쌓인 손님들은 이 변화를 바로 눈치챘다.

도시에서 살 곳을 찾는 일은 치열한 경쟁이고, 값비싼 임대 물건을 보러 다니느라 기나긴 하루를 보내는 건 쉽지 않은 일이다. 그렇게 지칠 대로 지친 고객들은 부동산으로 돌아와 콜린이 만들어낸 쉼터에서 환대받은 것이다.

이 얼마나 멋진 이야기인가! 정중하게 전화응대를 하는 것도 모자라, 특별한 고객서비스를 기대치 않았던 손님들에게 에스프레소를 대접하는 콜린이라니! 그런데 이야기는 거기서 끝이 아니다. 콜린은 CEO가 되었다. (여러분이 부디 내 말을 여기서 끊지 말길 바란다) 정말이다. 콜린이 자신의 사운드트랙을 바꾸자 행동이 바뀌었고, 그렇게 콜린의 인생이 통째로 바뀌어 회사 CEO가 되었다.

하룻밤 사이에 벌어진 일이었을까? 당연히 아니다. 그렇게 되기까지는 15년의 세월이 걸렸다. 그 커피가 얼마나 맛있었는지가 중요한 건 아니다. 누구도 단 일주일에 안내데스크의 바리스타에서 CEO로 건너뛸 수는 없는 법이다. 내가 전업 강연가가 되기까지도 6년이 걸렸다. 너무 겁먹지는 말자. 제8장에 등장하는 '새로운 찬가'는 이러한 여정에서 여러분의 시간을 어느 정도 절약해줄 수 있을 것이다.

콜린은 변화된 행동으로 마케팅 업무를 하는 말단자리를 얻었다. 그러다 마케팅 부서를 총괄하게 되었고, 마침내 기업 코칭을 하는 위치로까지 올라섰다. 이 모든 것은 콜린이 새로운 사운드트랙을 써 내려가면서 앞으로 나아갔기에 가능했다. 예를 들어, 콜린은 월요일 아침에 출근해서 단순히 동료들을 만

나기만 하지 않는다. "제가 함께 일하는 모든 사람을 사업파트너라고 상상해요. 성장할 수 있도록 돕는 파트너로요. 제게는 350명의 파트너가 있어요."

언제나 쉬운 일이었을까? 그럴 리가. 콜린은 닷컴버블로 모두가 상당히 우울한 상태에 빠졌다고 말했다. "우리는 모두 탁구대와 당구대를 갖춘 화려한 사무실에서 돈을 많이 벌던 사람들이었어요. 이제 결정을 내려야만 했죠. 그냥 실업수당이나 받을 것인가, 아니면 정말 원하는 방식으로 일할 것인가 하고요."

콜린은 전화응대를 하느라 짜증이 난 적도 있었을까? 물론 있었다. "좌절을 느낀 적이 몇 번 있었어요. '정말로? 내 인생이 이렇게 된 거야?'라고 생각하기도 했어요. 1년 전에는 영화 상영을 위해 프랑스 칸에 있었거든요." 콜린은 그런데도 그 엉터리 사운드트랙에 귀를 기울이지 않았다. "순간의 경험이 마치 영원히 계속될 거라고 믿는 일에는 아주 조심스러워야 해요. 우리의 뇌는 쉽게 그렇게 만들죠. 하지만 한 번의 경험이 앞으로의 일상이 되는 건 아니에요. 그저 우리가 끔찍한 하루를 보낸 것뿐이죠." 여러분도 앞으로 그러한 순간들을 몇 차례 겪게 될 것이다. 모두가 마찬가지다.

나 또한 그랬다. 나는 한 행사에 참석했다. 나 말고 그 누구도 내가 강연가라는 사실을 몰랐기 때문에 그 행사에서는 강연을 맡지 못했다. 그런데 행사 요원은 내게 행사장 빈 강의실을 사용해도 된다고 허락했다. 나는 그곳에서 내 블로그를 읽은 모든 사람을 초대해 첫 강연을 해보기로 결심했다. 전문적인 강연가가 될 수 있을 거라고 믿게 된 지 세 달 만이었다.

나는 천여 장의 스티커를 인쇄했고 조금 과장해서 한 트럭분의 스키틀즈 사탕을 가져갔다. 스키틀즈에 관한 농담을 한 적이 있는데, 그 농담이 꽤 웃긴다고 생각했기 때문이었다. 나는 독자들이 강의실에 나타나길 기다리면서, 엄청난 인파가 몰릴거라 예상했다. 과연 90분 동안 얼마나 많은 사람이 강의실 문을 열고 나타났을까? 단 두 명이었다. 한 명은 우연히 그 행사에 참석했던 내 친구 마이크 포스터였다. 다른 한 명은 강의실에 들어와 "저는 선생님 블로그를 읽지 않았어요. 하지만 제 딸이 읽었죠. 제 딸과 통화 좀 해주세요"라고 말한 어느 아버지였다. 그러더니 그 남자는 내게 자기 휴대폰을 건넸고, 내가 딸과 30초 동안 어색한 대화를 나누고 난 뒤 강의실에서 나갔다. 내생각에 그 남자는 스티커 한 장을 받아 갔던 것 같다.

만약 내가 엉터리 사운드트랙에 귀 기울였다면 그날은 극도로 비참한 실패의 날로 남았을 것이다. 고작 두 명의 사람이 내행사에 참석하다니. 20대 시절에 그와 똑같은 일이 벌어졌다면, 내가 용기를 내어 무언가를 하려 할 때마다 그 부끄러움이지나치게 떠올랐을 것이다. 그리고 내가 첫 블로그를 그만뒀던 것처럼 강연가라는 꿈을 어리석다며 포기했을 것이다. 어쩌면 옴짝달싹 못한 채 또 다른 7년을 희생했으리라. 하지만 이번만은 달랐다. 나는 사운드트랙이 나를 조종하도록 내버러 두는대신 내가 사운드트랙을 제어했다. '나는 강연가도 되고 작가도 될 수 있어!'라는 사운드트랙을 최대음량으로 틀기로 결심한 것이다.

나는 처참한 기분을 느낀 그 실패를 있는 그대로 받아들이고, 다른 사람들과 소통하는 기회로 사용했다. 내 친구에게 텅 빈 의자 수십 개에 둘러싸인 내 모습을 찍어달라고 부탁했고, 그 사진은 내 블로그에서 가장 인기 많은 포스트 가운데 하나가 되었다.

그로부터 11년 후 나는 8천 명의 관객을 앞에 두고, 무대에 서서 다른 사람들은 모를 이유로 웃고 있었다. 내가 서 있던 곳은 첫 강연이 실패했던 그 당시와 똑같은 행사장이었기 때문이다. 남은 999장의 스티커를 도로 들고 차로 돌아가야 했던 바로 그 장소로부터 불과 457m 정도 떨어진 자리에 있었다. 분명히 말하건대 나는 이 큰 무대의 기조연설을 맡기 위한 완벽한 계획이 있지는 않았다. 내가 가진 것은 할 수 있다고 말해주는 사운드트랙이 전부였다.

생각과잉을 해결할 3단계

내 인생은 어떤 사운드트랙에 귀를 기울일지 선택하기로 결심한 순간 바뀌기 시작했다.

여기서 중요한 것은 여러분이 예상한 것보다 그 과정이 훨씬 단순하다는 점이다. 처음에 나는 지나치게 넘쳐나는 생각을 바꾸기 시작하면서 대략 92단계의 과정과 14종류의 기법, 적어도 수십 개쯤 되는 두문자어*가 필요하리라 판단했다. 내가 틀렸다. 여러분의 생각을 무시무시한 문제에서 어마어마한 힘으로 바꿔놓기 위해서는 3단계만 거치면 된다.

1. 엉터리 사운드트랙을 물리친다
2. 이를 새로운 사운드트랙으로 교체한다
3. 새 사운드트랙이 옛 사운드트랙만큼 자동으로 재생될 때까지 반복한다

물리친다. 교체한다. 반복한다.

바로 이거지.

여러분의 꿈이 뭔지 나는 모른다. 아마도 내 꿈과는 다를 것이다. 하지만 한 가지만은 확실히 안다. 바로 지나치게 많은 생각이 우리의 꿈을 방해한다는 사실이다. 이제는 그 점에 대해 무언가 조치를 해야 할 때가 왔다.

---

* 낱말의 머리글자를 모아서 만든 준말이다.

제2장

선택은
여러분의 몫

　피렌체 두오모 성당에서 사방의 벽이 나를 죄어 온다고 느껴지면서, 거기에서 벗어나는 유일한 방법은 463개의 대리석 계단을 전속력으로 뛰어 올라가 마치 영화 〈쇼생크 탈출〉에서 팀 로빈스가 배수구를 통해 탈옥하는 마지막 장면처럼 문을 벌컥 열고 나가는 것뿐이라 하더라도 성당 지하에 임신한 아내를 내버려 두고 나와서는 절대로 안 된다.

　위의 문장은 내가 써 본 문장 중에서 가장 긴 문장이면서 이상할 정도로 구체적인 조언이다. 2003년의 내게 누군가가 이런 조언을 해주었으면 좋았을 것 같다. 그로부터 5년이 지나서야 나는 생각과잉에 빠지는 버릇을 고쳐나가기 시작했다. 그전까지는 내 생각들이 폭주하며 나를 쥐락펴락하고 있었다. 휴가 중에도 마찬가지였다.

　문제는 우리가 여행을 떠나기 몇 주 전 아버지와 대화를 나누면서 시작되었다. 아버지는 내게 이렇게 말씀하셨다. "그 두오모 성당에서는 조심해야 한다. 꼭대기까지 올라가는 탑이 정

49

말로 좁거든. 그 엄청난 나선형 계단은 두 사람이 겨우 지나갈 수 있을 만큼이야. 일단 그 계단 중간까지 가면 입구든 출구든 멀어진 거지. 창문도 없단다. 벽에 난 작은 틈이 고작이라니까. 완전히 어둡고 축축해서 난 폐소공포증에 걸릴 지경이었어."

환상적이군.

그 말은 생각과잉증 환자의 귀에 음악처럼 꽂혔고, 그 사운드트랙은 내 머릿속에 즉각 자리 잡았다. 몇 주 동안 나는 '두오모 성당에서 꽉 막힌 기분이 들 거야'라는 노래를 몇 번이나 반복해서 들었다. 우리가 이탈리아에 도착할 때쯤에 나는 남부 사람들의 입버릇처럼 '사지를 꽁꽁 동여매야 할 만큼 성이 난' 상태였다.

나는 성당을 오르는 통로가 얼마나 좁은지 쳐다보기 시작했다. '아버지 말이 맞았어. 이건 마치 14세기에 수직으로 꽂아 넣은 담배를 기어오르는 거 같잖아. 앞으로 나갈 수나 있으려나? 창문이 없으니 내가 위로 올라가는 건지 아닌지도 잘 모르겠어. 똑같은 장소를 빙빙 돌고 도는 이탈리아 햄스터처럼 느껴지는군. 지금 현기증이 나는 거 같은데? 내 전화기 신호가 터진다면 웹엠디WebMD*에서 내 증상을 검색해볼 수 있을 거야. 잠깐, 전화가 터지긴 터지나? 내가 쓰러진다면 그 누구와도 연락하지 못할 수도 있겠어. 나랑 마주치는 쥐들이 라따뚜이를 만드는 데 빠져서 내 아내에게 SOS 쪽지를 가져다줄 수 없을 정

---

* 의료정보 검색사이트다.

도가 아니기를 바라야겠군. 왜 나는 이케아에서 둘둘 말린 카펫에 기어들어 가면 공짜로 경험할 수 있는 걸 하자고 굳이 지구를 빙 둘러 날아온 거지? 난 갇혀버렸다고!'

내 사운드트랙이 빠르게 재생되기 시작했고, 다리가 움직이는 속도도 덩달아 빨라졌다. 나는 언제 전속력으로 계단을 뛰어 올라가기 시작했는지 기억나지 않는다. 확실한 건 그날의 나는 다른 관광객들을 제치고 탑 꼭대기까지 뛰쳐 올라갔다는 것이다. 내게 신선한 공기와 구원을 안겨줄 문을 찾느라 필사적으로 저 높은 하늘을 향해 기어올랐다. 6개월 된 임산부인 아내는 저 아래 먼지 속에 남겨두고.

"이게 다 뭐 하는 짓이지?" 아내 제니는 평범한 사람들처럼 20분이 걸려 꼭대기에 올라온 뒤 물었다. 나는 짐짓 아무 일 없는 척하려 했지만, 방금 지중해 지역 계단 오르기 신기록을 세우지 않은 척하기에는 너무 땀에 푹 절어 있었다. 당시에 나는 생각과잉을 연구하기 전이었기 때문에 아내에게 대답할 말이 없었다. 하지만 지금 내가 알고 있는 사실을 그때도 알았더라면 아내에게 사과한 후, 이제부터 내가 여러분에게 들려주려 하는 이 엄청난 이야기를 털어놨을 것이다.

∴ 사운드트랙 교체의 과학적 근거 ∴

"회초리와 돌멩이가 내 뼈를 부러뜨릴지언정 말로는 절대 나

51

를 해칠 수 없어"라는 말을 재미로 하지만, 눈곱만큼도 진실이 아니다. 말이란 너무나 강력해서, 여러분을 영화 〈인디애나 존스—최후의 성전〉에서 잘못된 성배를 고른 그 남자보다 더 빨리 늙어버리게 만들 수도 있다.

뉴욕대학교에서 이러한 가설을 연구해보았다. 연구의 제목이 「말 때문에 사람들은 〈최후의 성전〉에 나오는 그 남자보다 더 빠르게 늙을 수 있는가?」는 아니었지만, 발견한 내용은 비슷했다. 연구자들은 학생들로 이뤄진 서로 다른 두 집단에 동일한 과제를 제시했다. 무작위로 보이는 단어로 문장을 만들어보라는 것이었다. 양 집단 모두 가능한 한 많은 문장을 만들어갔다. 이때 두 번째 집단의 학생들에게 주어진 단어는 미묘하게 다른 부분이 있었다. '대머리의' '플로리다*' '주름' 등과 같이 노화와 관련된 단어를 간간이 섞어둔 것이다.

단어시험이 끝나자 연구자들은 참가자들을 또 다른 강의실로 안내하고, 홀을 가로질러 가라고 말했다. 연구의 두 번째 단계를 완료하기 위해서였다. 참가자들이 걸어가는 동안 본격적인 실험이 시작되었다. 연구자들은 학생들이 그 짧은 거리를 이동하는 데 얼마나 걸리는지 그 시간을 비밀리에 측정했다. 그 결과 노화와 관련된 단어 모음에 노출되었던 학생들은 더 느릿느릿 걸었다. 관련 단어를 읽는 것만으로도 신체적 변화가

---

* 스페인 탐험가인 후안 폰세 데 레온이 젊음을 되찾아주는 '젊음의 샘'을 찾아 플로리다주에 왔다는 전설이 전해진다.

일어난 것이다. 이는 노벨상 수상자 대니얼 카너먼이 '생각이 행동에 미치는 영향'이라고 정의한 '점화Priming 효과'의 한 형태다. 점화 효과의 정식 명칭은 '관념운동 효과'로 두 용어 모두 사용된다. 이 이론에 따르면 여러분의 생각과 개념은 행동에 영향을 미친다. 그리고 행동은 또다시 생각에 영향을 미친다. 엉터리 사운드트랙을 교체하는 것이 가장 중요한 이유다.

독일의 한 연구팀은 뉴욕대학교의 연구 순서를 반대로 진행하여, 관념운동 효과를 또 다르게 입증했다. 이번에 연구자들은 한쪽 실험집단은 평소보다 천천히 방안을 걸어 다니게 하고, 다른 실험집단은 평소 걸음걸이로 걷도록 했다. 그 이후 두 집단에 똑같은 단어 모음집을 보여줬고, 느리게 걸어 다닌 집단은 노화와 관련한 단어를 더 빠르게 찾아냈다. 육체적 속도를 늦추는 행위가 '느리다'고 생각하는 단어를 찾아내는 능력을 향상시킨 것이다. 실질적으로 "늙은 나이라고 생각하도록 '점화'된다면 노인처럼 행동하기 쉽고, 노인처럼 행동하면 늙은 나이라는 생각을 강화하게 된다"라고 설명했다.

어째서 나는 두오모 성당에서 그토록 쉽게 계단을 뛰어 올라갈 수 있었을까? 왜 그 행동은 예기치 못한 상태에서 벌어졌으며, 동시에 기계적으로 느껴졌을까? 왜냐하면 내게 이러한 '점화'가 일어났기 때문이다. 몇 주간 '너는 그 탑에 갇힌 기분이 들 거야'라는 생각을 지나치게 많이 하다 보니, 그 계단에 첫발을 내딛자마자 모든 엉터리 사운드트랙이 점화되듯 갑자기 재생된 것이다.

나는 그러한 반응에 놀라지 말았어야 했다. 여러분이 하는 생각은 여러분이 하는 행동에 영향을 미치고, 그 행동은 여러분이 얻어내는 결과에 영향을 미친다. 나는 그 사실을 알고 있었다. 항상 알고 있었지만 2008년까지는 그러한 법칙에 숨겨진 힘을 깨닫지는 못했다.

'내 사운드트랙이 나를 두오모 성당의 계단 꼭대기까지 달려 올라가게 만들었다면 강연회 무대로 이어지는 계단도 오르게 해주지 않을까?'

'내 사운드트랙이 나를 공포에 과집중Hyperfocus하게 만들어서 탑 속에 가둬 버렸다면, 책 쓰기 같은 목표에도 과집중할 수 있게 해주지 않을까?'

'내 걱정의 사운드트랙으로 인해 성당 전체가 사라질 수 있었다면 태산처럼 높은 장애물도 희망 속에서 사라지게 만들 수 있지 않을까?'

〈스포일러 주의〉
여기에 대한 대답은 '할 수 있다'다. 그렇지 않다면
이 책은 사상 최악의 책이 되고 말 수도 있다.

여러분은 자신이 가장 많이 듣게 될 사운드트랙을 직접 고른다면 아무런 한계 없이 무엇이든 성취할 수 있게 될 것이다. 이제 여러분은 내가 왜 이 사실을 13년 동안 글로 쓰지 않았는지 알겠는가? 너무나 간단하고 뻔한 이야기처럼 보였기 때문이다. 그런데 왜 더 많은 사람이 생각과잉에 빠지는 걸 고쳐보려 하지 않을까? 지나치게 많은 생각을 끌어안고 있어서 어디서부터 시작해야 할지 모르기 때문이다.

 ## 사운드트랙에 대해 품어야 할 세 가지 의문

1968년 심리학의 선구자 이반 파블로프의 제자인 표트르 아노킨은 일반적인 뇌가 평생 만들 수 있는 잠재적인 생각 패턴의 최소 가짓수가 얼마나 되는지 연구했다. 그리고 숫자 1 뒤에 0이 1,050만 킬로미터 정도 길게 늘어서도록 붙은 만큼이라고 밝혔다.

나는 미터 계산법에 아주 적극적으로 저항하고 있기 때문에 킬로미터를 마일로 변환해 보았고, 앞서 말한 가짓수는 1 뒤에 0이 650만 마일가량 늘어선 것과 같았다. 여러분이 지닌 생각 패턴이 이렇게나 많은 것이다. 지나치게 많은 생각에 휘말리게 되면 대부분 낙담하고 마는 것도 어쩌면 당연하다. 한 친구가 "사실은 네게 해줄 이야기가 650만 마일만큼 늘어서 있어"라고 말한다면 이는 너무 부담스러운 대화가 되어버리고 말 것이다.

그럴 시간이 누가 있을까? 내겐 없고, 여러분에게도 없다. 많은 사운드트랙 중 어디에 귀를 기울일지 정하고 싶다면 가장 시끄러운 사운드트랙에 그저 간단한 세 가지 질문을 던지면 된다.

질문 1: 이게 사실이야?

여러분이 살면서 저지를 수 있는 가장 큰 실수 가운데 하나는 여러분의 생각이 모두 사실이라고 믿는 것이다. 우리는 우리 머릿속에 있는 것은 틀림없이 정확하다고 추측하는 경향이 있다. 내가 그렇게 생각하면 반드시 진짜여야만 하는 것이다. 생각들이 몇 년 동안이나 황당무계한 이야기를 들려주어도 우리는 그대로 믿는다. 사운드트랙에 이 첫 번째 질문을 던지면 얼마나 많은 거짓말이 머릿속을 뒤죽박죽으로 만들어왔는지 알게 될 것이고, 충격을 받으리라 장담한다.

내가 코디 스코그에게 지나치게 많이 생각하는 대상이 있냐고 묻자, "저는 출연료를 받고 마술 공연을 하는 것에 대해 지나치게 많이 생각해요"라고 대답했다. 아마추어 마술사로서 코디의 목표는 출연료를 받는 공연의 수를 더 늘리는 것이다. 이때 코디가 듣는 엉터리 사운드트랙은 '너보다 더 마술을 잘하는 사람이 있을 테니 넌 공연을 해도 돈을 받을 자격이 없어'였다.

약간의 말장난을 섞어 이야기하자면 여기에는 트릭이 숨겨져 있다. 바로 그 사운드트랙에 섞인 한 방울의 진실이다. 지나치게 많이 생각하다가 만들어낸 사운드트랙이 순전히 거짓이라면 물리치기가 쉬울 수도 있다. 하지만 코디보다 훌륭한 마술사가 있을 수 있다는 것은 사실이고, 이는 어떠한 직업에서든 마찬가지다. 나보다 훌륭한 작가도 있을 것이다. 이는 지나친 겸손이 아니라 사실이다. 하지만 코디의 사운드트랙이 정말로 하려는 말은 무엇이었을까?

'너보다 더 마술을 잘하는 사람이 있을 테니 넌 공연을 해도 돈을 받을 자격이 없어'라는 엉터리 사운드트랙은 사실 이렇게 말하고 있다. '이 세상에서 그 누구보다도 마술을 잘하게 될 때까지 너는 출연료를 받고 마술을 할 수 없어.' 그 말에 따르면 코디는 공연하고 돈을 받기 위해 이 세상에서 가장 뛰어난 마술사가 되어야 한다. 이 얼마나 완벽한 생각과잉의 늪인가.

이제 코디의 사운드트랙에 우리의 첫 번째 질문 '이게 사실이야?'를 적용해보자. 사람들에게 돈을 받기 전에 세계 최고의 마술사가 되어야 한다는 것이 사실인가? 그렇다면 세계 최고라는 왕좌에 오르기 위해 우승을 해야 하는 공식적인 마술대회 같은 게 있는가? 혹은 영화 〈하이랜더〉처럼 전 세계 도시를 다니면서 마술사들을 한 명씩 무찌르고 그 힘을 손에 넣은 다음, 마침내 이끼로 뒤덮인 황야에 올라 "나는 이제 마술로 돈을 벌 수 있다!"라고 선언하면 되는가? 대답은 뻔하다. 이 사운드트랙은 사실이 아니다.

노스캐롤라이나대학교 채플힐 캠퍼스의 바바라 L. 프레드릭슨 박사는 "삶의 진을 다 빼놓는 이러한 악순환을 멈춰 줄 과학적 방식 중 하나는 부정적인 사고에 이의를 제기하는 것입니다. 훌륭한 변호사가 하듯이 사실을 꼼꼼하게 검토함으로써 반박하는 거죠"라고 말하기도 했다.

반박 증거를 입수하는 가장 빠른 방법 가운데 하나는 제2의 의견을 듣는 것이다. 의사에게서 중병을 진단받았을 때 우리는 이 첫 번째 의사가 말한 내용을 다시 확인하기 위해 두 번째 의

여러분이 **살면서** 저지를 수 있는 **가장 큰 실수** 가운데 하나는

여러분의 생각이 모두 사실이라고 믿는 것이다.

사를 찾아갈 것이다. 우리는 생각에 관해서도 마땅히 사실인지 다른 누군가에게 물어봐야만 한다.

하와이에 있는 어느 전자제품 가게의 살 생 제르맹이라는 멋진 이름을 가진 매니저는 중대한 프로젝트를 진행하는 과정에서 이 방법을 실천했다. 당연히 살은 하와이에 산다. 설마 살이 저런 멋진 이름을 가지고 아이오와에 살 거라 생각하는 사람이 있는 건 아니겠지?

이 책을 쓰기 위해 조사하는 과정에서 살을 처음 소개받았을 때 그는 이렇게 말했다. "우리에겐 끔찍하게 망해가고 있는 프로젝트가 있었어요. 모회사母會社에서 내놓은 어떤 규칙과 규제로 제재를 받고 있다고 생각했죠."

꼼짝 못 하게 되어버렸음을 인식한 살은 상사에게 자신과 팀의 생각이 사실인지 물어보기로 했다. 그것이 가장 쉽고 확실하게 확인하는 방법이었다. "상사는 프로젝트에 있어서 우리가 실질적 전문가이기에, 어떻게 이끌어갈 것인지 모회사 측에 제안하는 것도 우리 몫이라고 했어요."

살과 살의 팀은 잘못된 정보를 가지고 있었던 것이다. 이들의 발목을 잡은 것은 모회사가 아니었다. 사실은 딱 그 반대였다. 모회사는 다음으로 어떻게 하는 것이 최선인지 살이 가르쳐주기를 기다리고 있었다. "그 사건은 우리 집단의 리더들이 지닌 마음가짐을 바꿔놓았고, 우리는 모회사 때문에 희생당한다고 느끼는 대신 이해심을 가지고 관계를 맺을 수 있게 되었어요." 사운드트랙을 바꾸자 살의 팀은 모회사의 희생자에서 동반자가 되었다. "그 결과 기록적인 시간 내에 변화를 끌어낼 수 있었고, 이후 5년 동안 약 1,400만 달러를 절감했어요."

'이게 사실이야?'는 회사 전체의 문화를 바꿀 수도 있는 질문이다. 기업 문화는 회사 내에서 일관되게 울려 퍼지는 사운드트랙의 모음일 뿐이다. 가끔은 의식적으로 사운드트랙을 선택하기도 하지만, 대개는 우연히 만들어진다. 미국 기업계에 가장 흔하게 퍼져 있는 엉터리 사운드트랙은 '우리에겐 회의가 필요해요'이다. 그 사운드트랙을 두고 '이게 사실이야?'라고 물었을 때 우리가 절약하게 될 시간과 창의력과 생산성을 가늠할 수 있겠는가?

어쩌면 회의가 필요치 않을 수도 있다. 여러분이 마주한 문제는 한 사람에게서만 대답을 들으면 그만일지도 모른다. 회의실에 열 명이 모여서 여러 아이디어를 이야기하느라 한 시간을 낭비하는 게 최선은 아니다. 여러분이 해야 할 일은 의사결정권자에게 전화를 걸거나, 이메일을 쓰거나, 일대일로 대화를 나누는 것일 수도 있다는 뜻이다. 다음번에 직장동료가 "우리에겐 회의가 필요해요"라는 케케묵은 그 이야기를 또 꺼낸다면 "그게 사실이에요?"라고 물어서 회의가 정말로 필요한지 확인해보자.

현재 기업계에서 인기가 좋은 또 다른 사운드트랙은 밀레니얼 세대가 게으르고 시건방지다는 것이다. 이 사운드트랙은 몇 년 동안이나 유행해왔다. 누군가가 이런 말을 했을 때 그 힘을 약화시키고 다른 방향으로 발전해나가고 싶다면 "그게 사실이에요?"라고 묻고, 그 증거를 찾아보자. 그 사람은 그동안 고용했던 열 명의 밀레니얼 세대가 모두 게으르고 시건방졌다고 말하는 것인가, 아니면 그저 언론에서 떠들어대는 대중적인 이야기에 휩쓸리고 있는가? 이들은 직업윤리 쇠퇴에 관한 하버드경영대학원의 연구에 동의하는 것인가, 아니면 어느 코미디언이 딱 한 번 던진 이야기를 듣고 흉내 내는 것인가?

미시간 에스커나바에 사는 목사인 패트릭 브래드웨이에게는 일과 관련된 건 아니지만, 언제나 좌절을 안겨주는 사운드트랙이 있었다. "저한테는 제가 처한 상황을 잠시라도 잊게 해주는 어떤 일, 그러니까 취미를 찾아야 한다는 사운드트랙이 있어요. 하지만 얄궂게도 저는 해야 할 일에 대해 늘 생각해요. 집도 청소해야 하고 제 아내에게도 관심을 기울여야 하니까요. 좋아서 하는 일이지만, 가끔은 이런 저에게 지쳐버리는 것도 사실이에요. 취미를 즐기는 저 자신을 용납하지 못하죠. 제가 해야만 하는 좀 더 급한 일들이 있다고 생각하거든요."

패트릭은 아내와 충분한 시간을 보내고 나서야 자기만의 취미를 가질 수 있다고 말했다. 칭찬할 만한 삶의 방식이지만, 문제는 '충분한' 같은 건 이 세상에 존재하지 않는다는 사실이다. 패트릭은 집을 충분히 치웠다든지, 아내와 충분한 시간을 보냈다고 절대로 느끼지 못할 것이 분명하다.

나는 패트릭이 새로운 취미를 찾아 거기에 시간을 조금 할애한다면 아내가 어떻게 생각할 것 같은지 그에게 물었다. 패트릭의 엉터리 사운드트랙은 '너는 네 아내 때문에 취미를 가질 수 없어'라고 노래하고 있었다. 패트릭이 취미를 갖고 싶어 한 다는 사실에 아내가 화를 내고 말 것이라고 노래를 불러댔다. 하지만 그건 사실일까? 패트릭에게는 근거가 있었던가? 아내 가 무슨 취미를 짓밟는 괴물이라도 되었던가? 패트릭의 대답 은 전혀 놀랍지 않았다.

"아내는 계속 제게 취미를 찾으라고 해요. 나가서 함께 놀고 영화도 보러 갈 친구를 찾으라고 언제나 말해줘요."

아내는 남편이 취미를 찾기를 간절히 바랐지만, 엉터리 사운 드트랙은 패트릭에게 정반대로 이야기하고 있었다. 패트릭은 이제 우리가 던진 첫 번째 질문에 대한 분명한 답을 가지게 되 었다.

생각 뒤에 숨은 생각에는 이러한 질문들을 던지자

어느 새해 전날 밤, 토니 머토프는 싸구려 샴페인 한 병을 마 구 흔들더니 크리스 루오토의 부모님 댁 전체에 뿌려댔다. 토 니가 거실에 샴페인을 쏟아붓고 다른 파티참석자들은 공포에 질려 어마어마한 고함을 내지르는 동안, 나는 뚜렷한 생각 두 가지를 떠올렸다.

'쟤는 자기가 NBA 챔피언십에서 우승했다고 생각하나 보군.'
'쟤는 어떻게 이 파티에 참석하게 된 거지?'

아마 마이크가 가장 먼저 초대받았을 것이다. 마이크는 친구에게, 그 친구는 제트스키를 가진 자기 사촌에게 파티 이야기를 전했을 것이다. 이 동네 제트스키의 72%를 보유하고 있는 그런 사촌들이었으리라. 그 사촌이 토니에게 말했을 것이다. 이러한 상황에서 맨 처음 초대받은 이가 누구인지는 중요하지 않다. 이 모든 소동을 일으키는 것은 항상 마이크 뒤의, 친구 뒤의, 사촌 뒤의 토니니까.

이 법칙은 여러분의 사운드트랙에서도 진리가 된다. 여러분이 팟캐스트를 시작하고 싶다고 치자. 여러분이 듣게 될 첫 번째 사운드트랙은 '나는 어떻게 팟캐스트를 하는지 몰라'다. 그건 100% 진실이다. 여러분은 팟캐스트 하는 법을 모르고, 그 사실을 인정하는 것은 여러분이 하고자 하는 일을 배울 수 있는 훌륭한 시작점이 된다. 하지만 두 번째 사운드트랙이 첫 번째 사운드트랙의 뒤를 쫓아 슬며시 문을 열고 들어오며 이렇게 말한다. '팟캐스트 하는 건 진짜 어마어마하게 어려울 거야' 이건 50% 정도 진실일 수 있다. 쉽지는 않을 테지만, 진짜 어마어마하게 어렵지도 않을 것이다. 기술 발전과 함께 더 많은 전문가가 온라인강의를 열고 있기에 팟캐스트는 매일 더 쉽게 배울 수 있다.

앞서 말한 두 개의 사운드트랙은 진짜 문제라 할 수 없다. 그보다 어둠 속에 도사리고 있는 세 번째 사운드트랙이 진짜 문제다. 여러분은 마침내 팟캐스트에 뛰어든 후, 새로운 일을 할 때면 언제나 부딪히기 마련인 걸림돌을 마주할 것이다. 그때 '나는 절대 팟캐스트를 할 수 없을 거야'라는 사운드트랙이 들려온다. 우와, 절대라니? 새로운 도전을 앞둔 시기에 얼마나 맥 빠지는 생각인가. 그 사운드트랙은 0% 진실인데, 어떻게 여기에 끼게 됐을까? 여러분은 앞서 말한 꽃무늬 소파에 샴페인 병을 흔들어 뿜어대는 악당들을 만나게 된 것과 다름없다.

악당들처럼 엉터리 사운드트랙도 뭉쳐 다니는 경향이 있다. 그때마다 '이게 사실이야?'라는 질문과 앞으로 나올 두 가지 질문을 던지자. 그렇게 표면적인 생각 뒤에 숨은 생각을 꿰뚫어 보자. 그리고 여러분 앞을 가로막는 엉터리 사운드트랙을 물리치자. 이는 일부 초대받지 않은 손님들이 파티에 나타나는 것을 방지할 수 있는 최고의 방법이다.

질문 2 : 이게 도움이 돼?

'이게 사실이야?'라는 질문만으로는 엉터리 사운드트랙에서 거짓말을 걸러내기 어렵다. 그래서 누군가가 여러분에게 "그 상황을 너무 깊이 생각하지 마. 그건 사실이 아니야!"라고 쉽게 말하면 너무나 짜증이 나는 것이다. 무언가에 대해 사실이 아님을 아는 것만으로는 충분하지 않다. 우리의 사운드트랙은 그보다 훨씬 더 집요하므로 우리는 이 두 번째 질문을 해야 한다.

지금 여러분이 듣는 사운드트랙, 끊임없이 재생되는 그 사운드트랙은 도움이 되는가? 그 사운드트랙은 여러분을 앞으로 나아가게끔 해주는가, 아니면 발목 잡는가? 결정을 내릴 수 있게 이끌어주는가, 아니면 못하도록 막는가? 활동적이게 하는

가, 아니면 무기력하게 만드는가?

에린 지어런은 이러한 질문이 지닌 힘을 알고 있다. 에린은 미시시피주 블로우드에 사는 건축가이며, 우리 대부분이 그러하듯 어떤 사람과 대화를 마치고 나면 복습의 과정을 시작한다. 내가 제대로 이야기했나? 무언가 다른 말을 해야 했나? 그 대화 어느 부분에서 오해를 사게 될까? 내 도움이 필요치 않다고 했는데, 그건 무슨 뜻이지? 약간 갈등이 있었는데, 전화나 이메일이나 문자로 풀어야 할까? 그게 문제를 더 크게 만들려나? 의견 차이가 있었는데 무슨 일이 있어도 설득을 해야 할까, 아니면 우리는 친구니까 내가 눈감아 줘야 할까?

이처럼 에린은 전체적인 상황을 과하게 생각한다. 특히나 조금이라도 마찰이 있었다고 인지하면 더욱 지나치게 많은 생각에 빠진다. "저는 어떤 사건은 천 번 넘게 떠올리고 또 떠올려요. 그리고 어떻게 반응했어야 했는지 고민해요." 에린은 이렇게 말했다. 물론 고민의 해결책이 명백하긴 하다. "당사자와 논의하는 것이 가장 먼저 해야 할 일이고, 그렇게 하면 상황이 훨씬 쉽게 해결되겠죠."

하지만 생각과잉은 상황을 완화해줄 수 있는 간단한 방법을 행하지 못하도록 우리를 방해한다. 에린은 그렇게 여러 엉터리 사운드트랙을 듣고만 있는다. 내가 에린에게 시간을 얼마나 낭비했는지 묻자 에린은 곧바로 고백했다. "몇 날 며칠이요. 너무 창피하지만 어떤 복잡한 문제는 몇 주나 생각하기도 해요. 미쳐버릴 때까지요. 그러다가 더 빨리 문제를 해결하지 못한 저

자신에게 화가 나서 어금니를 꽉 깨물어요."

그 엉터리 사운드트랙에 사실이냐고 물으면 다음과 같은 대답으로 또다시 속이려 들 수 있다. '물론이에요. 저는 당신이 이 상황을 찬찬히 생각해보도록 도와주고 있다고요. 우리는 집착하는 게 아니라 분석하는 거예요. 그렇게 다음 단계를 준비시켜주는 거죠.' 이 사운드트랙은 사실인 것처럼 들리기도 한다. 따라서 우리는 항상 두 번째 질문을 꺼내야 한다.

'이게 도움이 돼?'

에린은 이 질문에 '그렇다'라고 대답을 할 수 있을까? 그간 스스로에게 부끄럽고 화가 날 만큼 며칠, 심지어 몇 주를 낭비하고도 자신에게 도움이 되었다고 말할 수 있을까? 당연히 아니다. 그 시간에 에린이 할 수 있었던 다른 일들을 떠올려보자. 이 문제를 회사 전체로 확대해본다면 어떨까? 도움 되지 않는 사운드트랙 때문에 얼마나 많은 직원이 문제 해결을 위해 시간과 창의성과 생산성을 낭비할지 떠올려보자. 그로 인한 대가는 얼마나 될까? 며칠? 몇 주? 수백만 달러? 이건 과장이 아니다. 앞서 말한 하와이의 살 생 제르맹 팀은 엉터리 사운드트랙을 듣는 일을 그만두었을 때 1,400만 달러를 절감할 수 있었다. 여러분의 엉터리 사운드트랙을 처리하는 것은 얼마나 가치 있는 일이 될지 상상해보자.

질문 3 : 친절한가?

엉터리 사운드트랙은 교활해서, 어쩔 땐 앞서 말한 두 가지 질문에 의해 탐지되지 않고 빠져나갈 수도 있다. 이 녀석들은 진실로 가장하는 일을 기가 막히게 잘 해낸다. 하긴 어찌 그러지 않을 수 있을까? 여러분은 몇 년 동안이나 그 엉터리 사운드트랙을 믿어왔고, 녀석들은 자기 PR에 능한 것을. 하지만 이 마지막 질문은 녀석들이 쓸모없다는 걸 반드시 확인시켜줄 것이다.

'친절한가?'

여러분이 듣는 사운드트랙은 여러분에게 친절한가? 그 사운드트랙을 몇 차례 들으면 기분이 나아지는가? 여러분의 인생과 기회에 대한 용기를 북돋아 주는가? 마이크 피슬리 박사와 나는 만 명 이상의 사람에게 지나치게 많은 생각에 빠지게 되면 어떤 기분이 드는지 물었다. 73%의 사람들이 '무능한 느낌'이라고 응답했다. 그리고 넘쳐나는 생각 때문에 진이 빠지는 느낌이냐고 물었을 때는 52%의 사람들이 '그렇다'라고 답했다. 왜 생각과잉이 여러분에게 무능하고 진 빠진 기분을 안겨주는지 아는가? 왜냐하면 나 자신에 대한 불친절한 사운드트랙을 반복적으로 듣는 꼴이기 때문이다.

30년 전 MIT에서 훈련을 받고 매사추세츠 의과대학에서 교수로 재직 중이던 존 카밧진 박사는 '마음챙김'이 주는 건강상의 이익을 연구한 최초의 과학자 중 한 명이었다. 오늘날 마음챙김은 촛불을 떠올리게 만들 만큼 따뜻하고 인기 있는 용어다. 다만 카밧진 박사가 정의한 마음챙김은 훨씬 더 임상적이고 우리의 논의에 실질적 도움이 된다. 카밧진 박사는 "마음챙김이란 어느 특정한 방식, 즉 어떤 의도로 현재의 순간을 판단하지 않고 관심을 기울이는 것을 의미한다"라고 정의했다.

여기서 말한 '판단'이라는 단어는 불친절한 사운드트랙을 물리치려 할 때 가장 중요하다. 친절한 사운드트랙은 판단하지 않는다. 불친절한 사운드트랙은 판단적이다. 여러분의 사운드트랙이 마치 8학년 때 교무실로 호출당한 뒤 교장 선생님에게서 들을 법한 이야기와 같다면 그 사운드트랙은 불친절할 가능성이 크다. 또한 사람들이 여러분에게서 간파해낼까 봐 두려운 내용, 다시 말해 여러분이 제대로 된 삶을 살고 있지 않다는 내용이라면 그건 친절하지 않은 사운드트랙일 가능성이 크다.

구글은 사내조직 문화 개선을 위해 아리스토텔레스 프로젝트Aristotle project를 시작했다. 팀 차원에서 이 문제를 이해해보고자, 회사에서 가장 크게 성공한 팀들이 공통으로 가지고 있는 점을 알아내기 위해 수백만 달러를 투자했다. 이들은 수백 가지 변수에 관해 35개 이상의 통계모형을 사용, 180개의 다양한 팀을 조사했다. 구글은 무엇을 발견하게 되었을까? 구글의 데이터는 "그 무엇보다도 심리적 안정이 팀워크를 형성할 때 매우 중요하다"라는 결과를 보여줬다. 하버드 경영대학원 에이미 에드먼슨 교수는 심리적 안정이란 "한 팀의 구성원들이 공통으로 가지고 있는 '우리 팀은 사람들 사이에서 위험을 무릅쓸 필

요 없이 안전해'라는 믿음"이라고 정의 내렸다. 팀원들로부터
부당한 대우를 받을 걱정 없이 질문하거나, 새로운 아이디어를
제시하거나, 실수를 저질렀다고 인정할 수 있어야 한다는 것이
다. 그렇지 않을 땐 엉터리 사운드트랙에 꼼짝없이 갇혀버릴
수밖에 없다. 불안정한 '하나의 팀'은 성장이나 혁신을 이끌기
에 적당한 곳이 아니다.

친절한 사운드트랙을 들음으로써 얻는 이익은 여러분이 생
각하는 것보다 크다. 실제로 카밧진의 가르침을 받은 이들은
줄어든 스트레스와 고통, 불안감, 더 깨끗해진 피부, 개선된 면
역기능 등을 경험한 것으로 나타났다. 나는 더 깨끗해진 피부
라는 이점에 사로잡혔다. 프로액티브 화장품 광고에 등장한 마
룬5 애덤 리바인이 이렇게 말하는 모습까지 상상했다. "맞아요,
내게 가장 크게 도움이 된 건 크림이 아니에요. 맨날 자책하던
일을 그만둔 게 신의 한 수였어요."

하버드 출신 의사인 허버트 벤슨은 마음챙김이 심혈관 건강
에 미치는 영향을 연구했고, 가장 큰 효과를 지닌 두 가지 방법
을 발견했다. 하나는 정해진 기간에 찬찬히 짧은 어구를 반복
하는 것이었는데, 이는 사운드트랙을 만드는 방식이기도 하다.
두 번째는 마음이 산란해지거나 나쁜 생각에 사로잡히려 할 때
마다 "우와, 이런"이라고 말하면서 스스로 그 짧은 어구로 돌아
가는 것이었다. "우와, 이런"은 생각의 중심을 올바르게 되찾기
위한 판단이 들어가지 않으면서도 친절한 방식이라는 점에서
중요하다.

"나는 집중력이 최악이야" 또는 "절대로 되지 않을 거야" 같은 말로 자신을 비난하는 대신에 여러분이 해야 할 일은 "우와, 이런"이라고 말하는 것이다. 상황이 처음 기대했던 방향으로 가지 않았을 때 다시 시작할 수 있다고 자신을 용납하는 것이야말로 뛰어난 회복탄력성 아닐까?

자기 생각을 조절하는 훈련에 대한 과학적 연구든, 수백 년 된 종교적 활동에서 비롯된 연구든 간에 한 가지 공통점이 있었다. '친절'이 관건이라는 것이다. 나는 다음처럼 말하는 연구는 단 한 번도 본 적이 없다. '여러분이 원하는 삶을 만들어가는 핵심은 스스로를 더 자주 비판하는 겁니다.' '어떤 일이든 더 잘할 수 있게 되는 비밀은 스스로에게 더 혹독해지는 것입니다.' 친절하지 않은 사운드트랙을 구분해내는 일은 애매해서 쉽지 않지만 거기에서 오는 이점은 명확하고 놀라울 정도로 실용적이다. 처음 이 방법을 시도하자 내가 떠나는 모든 출장이 개선되었다. 내가 마침내 델타 스카이 클럽 라운지에 들어갈 수 있는 자격을 얻었을 때보다 훨씬 더 크게 말이다.

출장 가방엔 부끄러움을 챙길 자리가 없다

몇 년 동안 '난 강연가가 될 수 있을 거야'라는 사운드트랙을 반복하며 이를 이루기 위해 행동을 취했다. 실제로 더 많은 강연의 기회를 얻었고, 그전까지 단 한 번도 없었던 출장이 1년에 80회까지 늘어났다. 처음으로 출장을 가기 시작했을 때 나는 아이들에게 내가 집을 비우는 일에 대해 쓸데없는 이야기들을 늘어놓았다. 집을 떠나면서 느끼는 죄책감을 표현했고, 얼마나 아이들이 보고 싶을지 이야기했으며, "네 밤만 자고 돌아올 거야" 같은 말도 했다. 나는 마치 1년 동안 달나라에라도 가는 양, 댈러스포트워스 공항에 붙은 코트야드 메리어트 호텔에서 두 밤 동안 머무는 게 아닌 양 행동했다. 출장 가방을 챙길 때마다 캔자스의 '더스트 인 더 윈드Dust in the Wind'*를 틀어야 할 판이었다.

결국 어느 날 밤 아내가 나를 방 한구석으로 끌고 갔다. "당신은 아이들이 아빠가 없을 때 끔찍하게 느끼도록 만들고 있어. 당신이 죄책감을 느끼니까 상황을 과장해서 아이들에게 슬픔을 강요하고 있다고. 아이들은 당신의 출장을 슬퍼해야 하는지조차 모르고 있어. 하지만 당신이 느끼는 감정에 대해서는 곰곰이 생각할 거야. 그러니까 아빠가 슬프게 행동할수록 더 슬프게 느끼겠지. 우리는 당신이 여행을 떠난다고 화가 나지 않고, 기가 죽지도 않아. 그건 당신의 일이잖아. 그냥 가서 일하면 돼."

제니의 말이 옳았다. 아이들은 우리의 감정에 반응한다. 아이들의 뇌 속에서 거울 뉴런Mirror neuron이 작동하기 때문이다. 거울 뉴런은 우리가 부모로서 내놓는 모습을 비추어 따라 하게

---

* 1970년대 인기록그룹 캔자스의 노래로 티끌이 바람에 날리듯 인생이 허망하다는 뜻을 담은 노래이다.

71

만든다. '좋은 아빠는 출장을 가지 않아'라는 사운드트랙이 커지면서 나는 슬퍼졌고, 결과적으로 아이들에게 슬프게 느껴야 한다고 가르치고 말았다.

어쩌면 그보다 더 잘못한 점은 내가 일을 악마처럼 묘사했다는 것이다. 나는 알게 모르게, 일이란 우리를 집으로부터 떼어놓고 억지로 사랑하는 사람들을 떠나게 만드는 끔찍한 존재라고 가르친 셈이다. 18년 동안 아이들을 그렇게 가르쳐놓고선, 아이들이 대학을 졸업하고도 딱히 취직할 생각이 없는 것처럼 보이면 깜짝 놀란다.

나는 특별히 '좋은 부모는 일 때문에 집을 떠나지 않아'와 '출장을 갈 때는 부끄러움을 느껴야만 해' 같은 생각을 해본 적이 없음에도 내 인생의 배경음악으로 깔렸다. 이러한 사운드트랙은 어디에서 온 것일까? 글쎄. 우리 아버지는 목사고 어머니는 치위생사라, 나는 자라면서 부모님이 출장을 다니는 모습을 본 적이 없었다. 그러다 보니 '내겐 좋은 부모님이 있고, 부모님은 절대 출장을 가지 않았어. 그러니까 나쁜 부모들이나 출장을 가는 거야'라는 생각이 자연스레 생긴 것이다. 이제 나는 뜻하지 않게 몇 년 동안이나 믿어온 이 사운드트랙에 던져야 할 질문을 알고 있다.

이게 사실이야? 어느 정도는 그렇지. 나는 일 때문에 우리 아이들을 놓고 가야 함에 슬펐다. 특히나 내슈빌에서 좀처럼 보기 드문 눈이 오는 날에, 인스타그램의 모든 아빠가 아이들과 함께 눈싸움을 하고 #우리애는상담치료가필요없음 같은 태그

를 달아서 사진을 올릴 때는 더욱 그랬다. 나는 집에 있는 것을 좋아하는 편이라, 집을 떠날 때 슬픈 건 틀림없이 사실이다. 그러나 동시에 일을 하면서 출장을 떠나는 걸 좋아하기도 한다. 다른 두 행사 때문에 일주일 사이에 디즈니랜드를 두 번이나 가는 일도 생기니까. 첫 번째로 갔을 때는 신데렐라 성이 내려다보이는 포시즌스 호텔에 머물렀다. 두 번째는 메리어트 호텔이었는데 내 방 식당에는 열 사람이 앉을 수 있는 긴 식탁이 놓여 있었다. 나는 마치 점심시간 도중 아홉 명의 직원을 해고한 사람인 양 식탁 가장 윗자리에 앉아 푸드코트에서 사온 치즈버거를 먹었다. 내 출장은 이렇게 재미있기도 하다.

이게 도움이 돼? 나는 슬픔을 느껴야 할 것만 같다. 그런데 출장에 대해 죄책감을 가지는 것이 좋은 아빠가 느끼는 감정일까? 이 사운드트랙은 내가 더 좋은 아빠가 되도록 도와주는가? 집으로 돌아온 후 아이들과 더 많은 시간을 보내게 해주는가? 나는 이 의문을 해소하기 위해 애를 쓰며 아주 많은 시간을 보내야 할 수도 있었겠지만, 다행히도 내 무기고에 마지막 질문을 남겨두고 있었다.

친절한가? 나는 이 사운드트랙에 관련되어 있는 세 명에 따라 답을 나눠봤다.

1. 나에게 친절한가?

아니다. 출장을 떠날 때마다 부끄러움을 느껴야 한다고 스스로에게 말하는 것은 친절하지 않았다. 마냥 즐거울 수 있었던 경험을 부끄러움 대잔치로 바꿔버렸다. 대중강연은 내가 세상에서 가장 좋아하는 일이다. 그런데 새로운 기회가 생길 때마다 그 사운드트랙은 집을 떠나는 것에 대해 유감스럽게 느껴야한다고 말하며 불친절하게 굴었다.

2. 내 아이들에게 친절한가?

아니다. 나는 이 사운드트랙으로 인해 아이들에게 불안감과 스트레스를 가르쳤다. 차라리 아이들을 앉혀 놓고 이렇게 말하는 게 나을 뻔했다. "아주 즐거운 하루를 보내고 있는 것처럼 보이는구나. 주스 병에, 〈사랑해 클리포드〉 만화에, 가장 좋아하는 잠옷까지 입고 말이야. 이런 너희에게 아빠가 떠난다고 알려줘야 한다니 싫지만, 고작 두 밤만 자고 올 거란다. 너네는 시간관념이 잘 없어서 아마 그 시간이 영원처럼 느껴질 수도 있어. 그래도 아빠가 안전하게 돌아올 때까지 매일 밤 창가에 촛불 하나씩 켜놓는다면 아주 큰 힘이 될 거야. 길이 아주 위험하기도 하고, 사우스웨스트항공에서 후순위로 탑승해야 하는 건 참 괴로운 일이라 너희들의 응원이 필요하거든."

3. 내 아내에게 친절한가?

아니다. (세 가지 다 땡이라니!) 출장을 가기 직전에 아이들을 감정적인 혼란으로 밀어 넣는 일은 아내에게 친절하지 않았다. "이제 아이들을 다 울렸으니, 난 며칠 동안 떠나 있을게. 행운을 빌어."라고 말하는 꼴이었으니까.

실마리를 풀어갈수록 모든 것이 더 명백해졌고, 나는 내 여행에 부끄러움을 챙겨가는 일을 그만두기로 결심했다. 이 오래된 사운드트랙은 더 이상 여행을 함께 하지 않게 되었다. 또한 나는 그런 사운드트랙을 듣는 사람이라면 누구에게나 그만 그 노래를 꺼버리라고 말하기 시작했다. 출장을 떠나는 지인들이 집 떠나는 일을 한탄할 때면, 그런 자책이 유용한 성과로 이어지기는 어렵다고 위로와 조언을 건넸다.

언젠가 내가 비행기 가운데 좌석에 끼어 있으면서도 한껏 미소를 짓고 있는 모습을 본다면 여러분은 그 이유를 알리라. 스스로에게 친절해지는 것이 비장의 무기이며, 나는 그 무기를 매일 사용한다.

이 말을 친구에게 할 수 있는가?

엉터리 사운드트랙을 두고 사실인지, 도움이 되는지, 그리고 친절한지 질문을 던질 때면 가끔 '맞아, 이건 다 너를 위해서야. 이건 자기수양이나 마찬가지지. 엄격한 사랑이라고'라는 답이 나올 때도 있다. 그러한 사운드트랙은 여러분을 더 강하고 훌륭하게 만들기 위해서 훈련하는 교관처럼 위장할 것이다. 지금으로서는 싫어할지 몰라도, 언젠가 매정하게 굴었던 게 고마울 날이 올 것이라면서.

말도 안 된다.

엉터리 사운드트랙은 절대로 여러분을 다시 태어나게 해주지 않는다. 예를 들어 '오늘 모든 것을 끝낼 수 있는 충분한 시간이 없어'라는 사운드트랙을 떠올려보자. 아침에 일어나자마자 해야 할 일 목록을 살펴볼 때 우리는 시간이 없다고 말하는 사운드트랙을 들어봤을 것이다. 그 사운드트랙은 평화롭고 생산성 높은 하루가 완전히 망가져 버릴 때까지 비상 단추를 누르고, 어마어마한 양의 스트레스 호르몬인 코르티솔을 여러분의 신체에 쏟아부을 것이다. 이 사운드트랙은 사실일까? 그럴 수도 있다. 모든 것을 끝낼 만한 충분한 시간은 없을 것이다. 그 누구도 하루 만에 모든 것을 다 끝낼 수는 없다. 그러니, 맞다. 그건 사실이다. 하지만 친절한가?

여기가 거짓말이 드러나기 시작하는 지점이다.

해야 할 일을 제대로 못 끝내서 뒤처진다고 느껴온 그 오랜 시간 동안, 사운드트랙은 단 한 번도 '오늘은 사실 당신이 필요한 만큼 시간이 충분한 날이야! 완벽하게 맞아떨어지는 시간을 가졌다고! 우리는 해냈어!' 같은 소리를 해주지 않았다. 앞으로도 하지 않을 것이다. 엉터리 사운드트랙이 친절한 사운드트랙으로 바뀌길 기다려왔다면 이제 그 기대는 집어치우자. 엉터리 사운드트랙은 절대 스스로 새로운 사운드트랙으로 변화하지 않는다. 그 과정은 우리에게 달렸다. 우리에게는 오랜 사운드트랙을 내몰고 완전히 새로운 사운드트랙으로 교체할 책임이 있다.

여러분이 여전히 그 사운드트랙이 친절한지 판독하기 위해 어려움을 겪고 있다면 이를 쉽게 확인하는 방법은 '내가 이런 이야기를 친구에게 계속해도 그 친구는 내 곁에 남아 있을까?' 라고 자신에게 물어보는 것이다.

싱글맘이자 슈퍼맘인 내 친구 웬디 메이버리가 출장을 갈 때마다 부끄럽지 않느냐는 질문을 던진다면 웬디는 여전히 나와 친구를 하고 싶을까? 웬디가 비행기를 탈 때마다 공항에 따라 나가 그녀에게 나쁜 엄마라고 말한다면 그건 친절한 걸까? 웬디는 신나서 내 전화를 받을까, 아니면 내 전화번호가 뜰 때마다 재빨리 거부할까? 친구에게 못 할 말이라면 자기 자신에게 해서도 안 될 말일 가능성이 크다.

그 많은 생각들을 처리하려면 어떻게 해야 할까?

사람에 따라 생각은 다양한 방식으로 묘사된다. 우리의 생각을 강물에 떠내려가는 나뭇잎이나 고속도로 위의 자동차, 또는 하늘의 구름처럼 여겨야 한다는 이야기를 들은 적이 있을 것이다. 이처럼 생각이 흘러가는 것이라면, 객관적인 관찰자가 되어 원하지 않는 생각을 차분하게 골라낼 수 있어야 한다. "오, 세상에. 이 생각은 사실도 아니고, 도움도 안 되고, 친절하지도 않아. 그냥 내 인생의 강에서 이 생각을 제거하고 물이 좀 더 평화롭게 흘러갈 수 있도록 해야겠어."

이 말은 멋진 과정처럼 들린다. 휴, 하지만 내게는 핵무기급 생각과잉이 있다. 나는 수천 종류의 사실이 아니고, 도움이 안 되며, 친절하지도 않은 생각들을 나의 강기슭에서 발견한다. 에이커프라는 인생의 강을 흘러가는 그 생각들은 쓸모없는 잎사귀 같아서 휘이휘이 쫓아내고자 하지만, 그때마다 나를 비웃는다. 그것은 집요하고 종잡을 수 없어서, 바로 어제 내가 쫓아내겠다고 결심한 그 똑같은 생각이 다시 한번 밀려 들어와 사악한 수준의 VIP 마일리지를 쌓기도 한다. 하지만 다행히도 우리에겐 차고 넘치는 생각을 영원히 멈출 수 있는 한 가지 방법이 있다.

제3장

볼륨을
낮춰라

나는 제2장의 마지막 문장이 사실이길 바란다. 여러분도 그렇지 않은가?

지나치게 많은 생각을 하는 행위를 영원히 멈출 수 있는 한 가지 방법을 내가 알려준다면 굉장히 멋지지 않을까?

여러분의 친구들이 모두 "너, 무언가 달라졌는데? 좀 더 차분하고 자신감 넘치면서 성공한 사람처럼 보여. 물을 많이 마시는 게 도움이 된 건가?"라고 말할 수도 있다. 그때 여러분은 이렇게 대답하는 거다. "알아줘서 고마워. 하지만 물 때문은 아니야. 존 에이커프 덕이지. 그 사람이 내게 생각과잉에 빠지는 일을 끝낼 치유법을 알려줬거든. 내가 그 방법을 공유해줄 수도 있지만, 그냥 너도 그 사람 책을 사. 그래야 그 사람이 아이들 대학 학비를 대지."

와, 그렇게까지는 기대하지 않았는데! 우리 큰 딸이 다니는 고등학교 영어 선생님은 학생들에게 그냥 온라인에서 『파리대왕』 무료 PDF를 내려받던가 유튜브 오디오북의 불법 복제

본을 찾으라고 한다. 이런 시대라, 예술에 돈을 지불하라는 사람들의 이야기는 진정한 격려가 된다.

나는 너무 많은 생각에 묻혀버리는 일을 영원히 끝낼 수 있는 한 가지 방법을 찾기 위해 수십 년을 보냈다. 참고로 나는 동기부여의 구루Guru 라는 사람들에게 곧잘 속아 넘어가는 사람이다. 그리고 그 사람들의 주장이 부풀려질수록 그것이 효과적일 것이라는 믿음도 더더욱 커진다. 그래서 모든 것을 한 번에 바꿔놓을 수 있는 유일무이한 아이디어, 유일무이한 기법이 있을거라고 확신했던 것이다.

나는 틀렸다.

내가 얼마나 오랫동안 숨을 참든, 무언가를 공부하든, 그 어떤 걸 시도해도 내 엉터리 사운드트랙을 완전히 꺼버릴 수가 없었다. 소리를 완전히 꺼버리는 것은 오디오북에서나 통하는 방법이다. 엉터리 사운드트랙을 완전히 꺼버리려고 노력한 시간의 절반만이라도 마음챙김을 위해 썼다면 모든 것이 바뀌었을 수도 있다. 최선의 노력에도 불구하고 내 엉터리 사운드트랙은 다시금 시끄럽게 굴었다. 영원히 사라지길 바라면서 엉터리 사운드트랙을 꺼도 예상치 못한 순간에 불쑥불쑥 나타났다. 브렛 파브가 영원히 NFL(미국 프로풋볼리그)을 떠나기 거부한 것이나 마찬가지였다. 나는 데이비드 토머스와 아침을 먹기 전까지는 방법이 없다고 느꼈다.

우리에게 필요한 건 다이얼

데이비드 토머스는 멋진 안경을 썼다. 그에 관한 사실 중 안경이 가장 중요한 건 아니지만, 눈에 띄는 부분이긴 하다. 데이비드는 에어 조던 운동화를 멋지게 신어보려고 애쓰는 아빠처럼 보이지 않으면서도 투명 안경테를 소화해낼 수 있는 그런 남자 가운데 한 명이다. "뭐, 이거? 플렉스하려고 쓴 건 아니야." 데이비드는 안경 센스 말고도 내슈빌에 있는 아동센터인 데이스타에서 가족 상담을 탁월하게 담당하고 있다. 또한, 여섯 권의 책을 쓴 작가이자 잘나가는 대중강연가다. 엉터리 사운드트랙을 꺼버릴 수 있다는 내 생각을 완전히 바꿔버린 것은 커피를 마시다가 즉흥적으로 던진 데이비드의 말 한마디였다.

내가 데이비드에게 줄줄이 질문을 던지는 도중에 데이비드는 이렇게 말했다. "우리가 듣는 내면의 목소리를 제어하는 방법에 있어서 문제가 되는 건, 우리가 바라는 게 스위치라는 거예요." 나는 그런 식의 묘사는 들어본 적이 없었기 때문에 무슨 말을 하는 것인지 자세히 설명해달라고 부탁했다. "우리는 저 너머에 스위치가 하나 있고, 우리가 그 스위치를 찾기만 한다면 시끄러운 배경 소음을 완벽하게 꺼버릴 수 있다고 생각해요. 딱 한 번만 스위치를 꺼버리면 다시는 그 소음을 듣지 않게 될 거라고요. 사람들은 스위치가 있기를 원하는 거죠."

"그 사람들은 돌았어요." 지난 몇 년 동안 정확히 그와 같은 장치를 찾느라 시간을 보낸 나는 이렇게 대꾸했다. "그런데 스위치가 아니에요." 그가 말을 이어갔다. "우리에게 필요한 건 다이얼이에요. 우리의 목표는 소음을 영원히 꺼버리는 게 아니라 볼륨을 낮추는 거죠. 가끔은 소리가 커질 거예요. 그게 다이얼이 하는 일이니까요. 하지만 인생이 부정적인 생각들을 내놓을 때 우리는 그 소리를 낮추면 돼요. 그렇게 생각하면 압박감이 많이 줄어들 거예요. 왜냐하면 우리가 그런 소음을 다시 듣게 되어도, 그저 다이얼을 돌려서 소리를 낮추면 그만이라고 받아들일 테니까요. 소리를 꺼버리는 것에 실패했으니 다른 스위치를 찾으러 떠나야 한다는 신호가 아닌 거죠."

나는 식당에 있는 식탁 위로 뛰어 올라가 "다이얼이에요! 다이얼이라고요!"라고 고함을 지르고 싶은 기분이었다. 그러고는 마치 내가 에비니저 스크루지*라도 되는 양 길거리부랑자에게 푼돈을 던져주고, 그 부랑자가 가족들에게 실한 크리스마스 거위요리를 사줄 수 있게 해주고 싶었다.

여러분이 스위치로 해결한다는 사고방식을 가지고 살아간다면 스스로 낙제할 준비를 하는 셈이 된다. 이는 완벽주의적 사운드트랙을 작동시키기 때문이다. 이를테면 이런 식으로 흘러간다. '네가 스위치를 찾을 수만 있다면 그 스위치를 꺼버리고 다시는 엉터리 사운드트랙 때문에 짜증 나는 일이 없을 거야. 책 한 권만 읽으면, 운동 한 번만, 다이어트 한 번만 하면 다

---

* 찰스 디킨스의 소설 『크리스마스 캐럴』의 주인공. 고리대금업자로 남에게 늘 인색하게 굴었으나, 어느 밤 죽은 친구의 유령과 함께 자신의 과거, 현재, 미래를 한꺼번에 본 뒤 깨달음을 얻고 베푸는 삶을 살게 되는 인물이다.

시는 부정적인 생각의 소리를 듣지 않아도 돼'라고 말하는 사운드트랙을 듣는 것이다. 여기서의 스위치는 엉터리 사운드트랙에서 벗어나 즉각적이고 영원한 고요를 얻게 해줄 것이라 믿는 모든 것이 될 수 있다.

그렇게 믿기 시작하면 완벽주의적 사운드트랙은 더욱 시끄러워진다. "완벽해지는 게 가능해! 스위치가 답이야!" 이토록 희망적인 말을 믿고 싶지 않은 사람이 있을까? 따라서 여러분은 계속 새로운 시도를 할 것이고, 그 방법은 한동안 효과를 발휘한다. 호흡법은 긴장을 풀어주고, 책은 환상적인 통찰력을 안겨주며, 상담 시간은 용기를 북돋아 주기 때문이다. 하지만 그러다가도 그 특정한 엉터리 사운드트랙이 얼마나 강력하냐에 따라 한 달 후, 일주일 후, 혹은 하루 후에 다시 들려온다.

세상에! 완벽한 방법이 아니었어. 아직도 음악이 나오고 있잖아. 이 스위치는 망했어. 그러면서 스위치를 잘못 찾은 자신을 탓한다. 그리고 전체적인 과정에 의문을 품는 대신 새로운 스위치를 찾기 시작한다. 다른 책을 읽고, 다른 방식의 다이어트를 시도하고, 직업을 바꾸고, 도시를 이동하고, 배우자를 바꾼다. 스위치적 사고방식을 가지고 살아간다는 것은 그런 것이다.

다이얼은 딱 반대다. 다이얼 접근방식은 모든 엉터리 사운드트랙을 영원히 그만 듣는 게 아니라, 소리를 줄이는 것이 목표다. 우리가 교통체증에 걸렸다든가, 예상치 못했던 회사합병이 이뤄진다든가, 사이가 틀어졌던 형제가 전화를 걸어왔다든가

하는 예기치 못한 수십억 가지 일 때문에 사운드트랙의 볼륨이 10까지 올라가면 중간에서 이 소리를 낮춰 저지하는 것이다.

엉터리 사운드트랙을 꺼버리는 건 끈기 있는 반복이 필요한 일이지, 단 한 번으로 끝날 수 있는 게 아니다. 언젠가 엉터리 사운드트랙이 들리지 않을 수도 있다. 그러다가 또 어느 날에는 관심을 기울이지 않은 틈을 타, 여러분의 인생으로 슬쩍 되돌아올 수도 있다. 그럴 때마다 여러분은 다이얼을 돌려 소리를 낮춰야 한다.

나만의 볼륨 낮추기 기법을 개발해야 한다

인생을 살아가면서 여러분에게는 두 가지 선택권이 있다. 완벽하게 여러분의 세상을 가꿔서 그 어디에서도 엉터리 사운드트랙이 소리낼 수 없게 하든지, 아니면 사운드트랙이 시끄러워질 때 다이얼을 돌려서 소리를 낮출 수 있는 몇 가지 건강한 방법을 배우든지.

첫 번째 접근법에 따르면, 여러분은 온라인의 온갖 바보들, 세금 문제, 식당에서의 긴 웨이팅, 비행기에서 내릴 때 꾸물대는 사람들, 예상치 못했던 전 세계적 전염병 창궐, 그리고 회계 팀의 캐럴 같은 고약한 사람을 피해야만 한다. 그런데 이는 매우 시간을 잡아먹는 일이고, 감히 말하건대 불가능하다.

두 번째 접근법처럼 볼륨을 낮추는 몇 가지 기법을 배워서

뒷주머니에 잘 넣어두면, 소리가 너무 시끄러워지려고 할 때마다 꺼내 쓸 수 있다. 이 접근법은 훨씬 재미있고 실제로도 가능하다. 데이비드 토머스가 그 식당에서 내 도전 의식을 북돋웠던 바로 그 방식이다.

"그 기법이 뭔데요?" 나는 데이비드가 네다섯 가지 아주 구체적인 방법을 가르쳐주길 바라면서 물었다(이 시점에서 나는 여전히 스위치를 찾고 있었던 것 같다). 데이비드가 설명했다. "그 기법은 사람마다 달라요. 하지만 근본적으로는 음악이 지나치게 커진 순간에 당신이 취할 수 있는 행동 몇 가지를 의미하죠. 예를 들어, 어떤 사람은 개를 쓰다듬는 일을 여기에 포함해요. 그 행동은 세로토닌을 분비한다고 입증되기도 했죠. 저도 항상 사람들에게 신체적인 방법을 몇 가지 만들어내라고 해요. 우리는 본능을 관장하는 파충류의 뇌보다 이성을 관장하는 영장류의 뇌를 작동시켜야 하는데, 그럴 때면 움직임이 도움 되거든요. 이때 장벽이 높아서는 안 돼요. 쉽고, 편안하고, 한 가지 상황 이상으로까지 확장되는 방법이어야 해요."

볼륨을 낮추는 기법이 쉬워야 하는 이유는 엉터리 사운드트랙이 복잡한 상황을 좋아하기 때문이다. 내 엉터리 사운드트랙 가운데 내가 새로운 책을 다시는 쓸 수 없을 것이라고 말하는 소리가 있다고 가정해보자. 글을 쓰기 위해 앉을 때마다 그 사운드트랙이 작동하면서 '쓸 말이 다 떨어졌어'라든가, '훌륭한 책은 사람들이 벌써 다 썼어'라든가, '나는 정말 새롭다고 생각한 아이디어지만 다른 사람들은 이미 알고 있으면 어쩌지?' 같은 말을 내게 한다고 상상해보자. 가설 상으로 말이다.

내가 개발한 기법 가운데 하나는 그러한 사운드트랙이 들릴 때, 하루 중에서 가장 좋아하는 시간대에 가장 좋아하는 커피숍에 가서 가장 좋아하는 자리에 앉아 글을 쓰는 것이었다. 이 방법은 외견상으로 그럴싸하게 보일지 모른다. 그런데 어느 날 내가 커피숍에 갔는데 누군가가 내 자리에 앉아 있다면 어떻게 될까? 나는 무슨 일이 일어날지 정확히 안다. 다음과 같은 대화를 수십 번도 더 나눴기 때문이다.

사운드트랙: 누군가가 우리 자리에 앉아 있어.

나: 별일 아니야.

사운드트랙: 지금 나랑 장난해? 지금까지 일어났던 모든 일 중에 가장 큰 일이라고. 저 자리는 완벽해. 탁자 크기도 봐. 너 혼자 커다란 탁자를 독차지한다고 미안해할 필요가 없을 만큼 자그마하면서도 물건은 다 늘어놓을 수 있을 만큼 적당하잖아.

나: 딱 골디락스와 곰 세 마리 동화에 나올 것 같은 탁자네.

사운드트랙: 정답. 그리고 조명도 완벽해. 일을 할 수 있을 만큼 충분히 밝으면서도, 네가 어느 정도 어려움을 겪다가 결국엔 다 이겨내는 그런 영화 속 주인공처럼 느껴질 만큼 어두침침하잖아. 그 탁자는 어린이놀이방에서 충분히 떨어져 있어서 소음제어 헤드폰을 끼면 소리두 거의 들리지 않을 거야. 나는 우리가 아주 공개적인 이 장소에서 아주 개인적인 작업을 마칠 수 있길 강력히 바라는 바야.

나: 나도 잘 마치고 싶어.

사운드트랙: 생각하는 일은 내게 맡기는 게 어때? 네가 보지 못한 게 있어. 우리에게 남겨진 유일한 선택지는 저기 전화 통화를 하는 남자 가까이에 앉는 거야. 커피숍이 아니라 위워크에서 일하듯 시끄럽게 전화회의를 해도 되는 것처럼 구는 저 남자 말이야. "난 몰라, 그렉! 나는 그냥 계산했을 뿐이야. 고객이 이 새로운 예산을 오케이 할 거라고 생각하지 않는다고!" 이건 악몽이야. 누군가가 우리 자리에 앉았다는 걸 믿을 수 없어.

나: 엄밀히 말하면 내 자리는 아냐. 내 소유가 아니잖아.

사운드트랙: 그런 태도로는 안 된다고. 그냥 집에 가자. 네 자리가 아닌 곳에서 하는 작업은 어쨌든 잘 될 리가 없잖아. 그냥 거기까지만 해. 오늘은 끝이야. 아참, 넌 아마 새로운 책을 절대 쓰지 못할 거야.

나: 이제 겨우 아침 7시인데….

사운드트랙: 시간은 빨리 흐르거든.

이러한 대화가 조금은 과장된 것이면 좋겠지만, 과장이 아니다. '하루 중에 내가 가장 좋아하는 시간대에 가장 좋아하는 커피숍에서 가장 좋아하는 자리에 앉아 글을 쓰는 일'은 글을 쓰다가 딱 막혔을 때 사용할 수 있는 훌륭한 볼륨 낮추기 기법처럼 보일 수도 있다. 하지만 아니다. 사실은 정반대로 변장한 엉터리 사운드트랙이다. 지나치게 융통성이 없고, 너무 많은 원칙이 들어가기 때문이다. 이렇게 되면 행동하려다가 더더욱 행동하지 않게 된다.

볼륨을 낮추는 기법은 쉽게, 다양한 상황에서 활용할 수 있어야 한다. 강아지를 산책시키는 일은 여러분을 지나치게 많은 생각에서 벗어나게 해주는 훌륭한 방식이지만, 여러분이 회사에 있는 동안은 아니다. 한 가지 이상의 상황에서 쓰일 수 있는 기법이 필요하다.

다이얼 개념에 대한 정보를 얻은 후 신이 난 나는 다른 사람들이 볼륨을 낮추기 위해 저마다의 기법을 사용하고 있는지 살펴보기로 마음먹었다. 그리고 곧장 얽히고설킨 부정否定에 부딪히게 됐다.

부정하지 말고 탐색하자

이 책을 쓰기 위해 조사하는 과정에서 나는 수천 명의 사람에게 지나치게 넘쳐나는 생각을 해결하기 위해서 어떠한 기법을 사용하는지 물었다. 온라인이나 설문 조사, 전화 통화, 저녁 모임, 아니면 우버를 타고 가면서 사람들에게 질문들을 퍼부었고, 다음과 같은 두 가지 이유로 놀랐다.

1. 내 의심이 무색하리만큼 많은 사람이 볼륨 낮추기 기법을 사용하고 있다.
2. 아무도 그 기법에 관해 이야기하지 않는다.

대화를 하다가 사람들은 목소리를 낮추고 "음, 좀 바보처럼 들린다는 건 알지만…"이라고 말한 뒤에, 지난 한 해 동안 매일 아침 했던 어떤 일에 관해 이야기했다. 예를 들어, 노스캐롤라이나주 그린즈버러에서 온 대출 관리 담당자인 애덤 드퓌는 아침에 침대에서 첫발을 내딛으면서, 그리고 밤마다 잠이 들기 전에 "고맙습니다"라고 말한다고 털어놓았다. 그러한 행동이 주는 이점에 대해 설명하며 애덤은 "정말 진부하게 들리죠. 하지만 제 하루를 시작하고 끝내기에 훌륭한 방식이랍니다"라고 말했다.

사람들은 말할 때 '싼 티 나는' '이상한' '바보 같은'이라는 단어를 자주 사용했다. 그 기법으로 한 사람의 인생이 바뀌었다 하더라도 사람들은 일단 부정적으로 이야기를 시작했다. 특정한 방향으로 평가당할까 봐 걱정해서, 다른 사람들이 그러기도 전에 스스로를 미리 평가해버리는 것이다.

불행한 일이다. 왜냐하면 이는 최고의 음악이 입소문 탈 기회를 누리지 못한다는 의미이기 때문이다. 우리는 우리의 엉터리 사운드트랙만 공유한다. 우리와 관련 없는 내용에 대해 온라인에서 한탄하는 것이다. 하지만 우리는 좋은 것, 즉 하루하루를 더 쉽고 밝게 만들어주는 그 음악은 가슴속 깊숙이 숨겨두곤 한다.

이 책을 따라 해나가며 여러분은 부정을 하고 싶은 충동이 들 수도 있다. 내가 어떻게 아냐고? 어떤 아이디어를 떠올렸지만 그 아이디어에 대해 쓰기도 전에 잘될 리 없다고 판단한 적 있는가? 혹은 여러분이 스스로 검열하기 전에는 그 아이디어를 종이 한 장에, 아니면 전화기 속 메모장에조차 남기지 않은 적은? 지금쯤 여러분은 고개를 끄덕이고 있을 것이다. 모두가 그래본 적 있을 테니까.

그게 바로 엉터리 사운드트랙이다. 모든 아이디어는 적어도 표현될 가치를 지닌다. 그런데 이 세상에는 일찌감치 죽음을 맞이하는 수십만 가지의 아이디어들이 존재한다. 사람들이 속으로 '그건 이상해, 그건 어처구니없어. 절대 효과가 없을 거야' 라고 생각하기 때문이다. 아이디어가 진정으로 자라날 기회를 얻기도 전에 누군가의 독단적인 평가로 우리가 잃게 된 예술작품과 기술 혁신, 그리고 질병 치료제들을 떠올린다면 소스라치게 놀랄 것이다.

오늘부터는 그렇게 하지 말자. 부정하지 말고 무엇이 여러분에게 도움이 되는지를 탐색해보자. 여러분이 생활 속에서 시도해보기도 전에 사운드트랙의 볼륨을 낮추는 그 어떤 기법도 지레 판단하지 말자.

⋯⦂ 내가 가장 좋아하는 다섯 가지 기법 ⦂⋯

나는 데이비드 토머스가 내게 다이얼에 대해 설명한 이후로 여러 다양한 볼륨 낮추기 기법들을 시도해봤다. 산더미처럼 쌓인 책을 읽고, 온라인 클래스도 들었으며, 새로운 운동을 시작하고 그만뒀다. 그 중에서 몇 년 동안 내 엉터리 사운드트랙이 목소리를 다시 올리려 할 때마다 큰 도움이 되었던 다섯 가지 기법은 다음과 같다.

1. 달리기

나는 지나치게 많아진 생각에 대해 고민하면서부터 달리기에 대해서도 진지해졌다. 물고기에게 물이 필요하듯 엔도르핀이 필요했던 것이다. 홀로 달리는 몇 마일은 내 정신과 내 마음에 큰 효과를 발휘했다. 나는 매일 달리지는 않는다. 그러나 조금이라도 운동하지 않고 사나흘을 보내면 내 엉터리 사운드트랙이 꽤나 소란스러워진다.

여러분은 달리기를 싫어할 수도 있다. 나는 자전거를 싫어하지만 어떤 사람들은 좋아할 수도 있는 것처럼 말이다. 나는 자전거를 타려면 입어야만 하는 그 옷을 좋아하지 않고, 가끔 차에 치일 가능성이 있는 그 스포츠의 팬도 아니다. 내 친구 랜디는 부모님이 산악자전거를 사주기 전까지 세 번이나 차에 치였다. 반면 내 운동화는 타이어가 터져서 갈아줘야 하는 상황과 비슷한 일도 일어나지 않는다. 내가 2,000달러를 내고 프랑스 알프스에 오를 수 있도록 설계된 탄소섬유 로드바이크를 구매하기 전에 자전거에 대한 혐오를 깨달았다면 더 좋았을 것 같다. 나는 6개월 동안 차고 벽에 로드바이크를 걸어만 두었다. 나를 부끄럽게 만드는 값비싼 실수를 저지른 셈이다. 나는 자전거를 샀던 가게에 그 자전거를 되팔기까지도 6개월이 걸렸다. 모든 직원이 나를 실패자로 생각할 것이라고 속삭이는 내 엉터리 사운드트랙 때문이었다.

여러분이 싫어하는 운동은 절대로 볼륨을 낮추기 위한 기법으로 사용해서는 안 된다. 약간의 엔도르핀을 몸속에 퍼트릴 수 있는 좋아하는 운동을 찾아보도록 하자.

2. 레고 조립

이 기법은 우연히 발견하게 되었다. 어느 해 크리스마스, 나는 아이들에게 해리 포터 호그와트 성 레고를 선물로 줬다. 6,020조각짜리의 이 레고는 해그리드의 오두막과 해리의 용(제4권에서 등장하는데, 이 권은 단연코 최고다), 심지어는 돌로레스 엄브릿지의 분홍색 사무실까지 완벽하게 갖춘 덕후를 위한 찬가였다. 우리는 단번에 작품을 완성하는 대신, 하루에 한두 봉지씩 조립하면서 완성되어 가는 모습을 지켜봤다. 실질적인 진전을 바라보는 행위에는 평화로운 부분이 있었다. 내 작업의 대부분은 정신적인 것으로 그 성과를 눈으로 보기 어렵다. 전업 작가이자 강연가가 되기 위해서는 어떤 단계를 거쳐야 하는지 설명서도 없다. 나는 설명서 대로 레고를 조립하는 과정에서 대리만족을 느꼈다.

3. 목록 작성

일이 바쁜 시기에 나는 가끔 '넌 너무 많은 일을 받았고 그 일을 모두 하려면 시간이 전혀 충분치 않아'라는 사운드트랙을 듣는다. 그러면 압박감을 느끼면서 어떤 업무에 먼저 초점을 맞춰야 하는지 모르게 된다. 나는 그럴 때 일의 목록을 만들어서 그 사운드트랙의 소리를 죽인다. 목록은 혼돈 속에 명료함을 가져다주는 가장 빠른 방법이다. 어떤 프로젝트를 완료하기 위해 내가 해야 할 일들을 목록으로 작성하는 일은 전체적인 과정을 그려볼 수 있게 해준다. 여행 짐을 싸기 전에 목록을 작성하는 일도 마음의 평화를 가져온다. 나는 지난 5년간 동일한 짐 싸기 목록을 사용해왔다. 가끔은 어떤 특정한 날에 내가 완수해야 하는 일의 목록을 작성하기도 한다.

바쁘게 출장을 다니던 중에 나는 내가 매일 아침 일어나 침대 옆 탁자에 올려져 있는 호텔용 메모지에 그날 끝내야 하는 일들을 다섯 개에서 열 개 정도 적는다는 것을 새삼 깨달았다. 해야 할 일 목록을 철저히 생각하고 또 생각한 뒤에 적으면 족히 100가지가 넘을 것이다. 그걸 모두 끝마치려면 화요일 하루가 96시간쯤 되어야 하겠지. 그런데 호텔용 메모지는 크기가 작아서 내가 평소에 하는 일을 다 적을 수가 없었다. 그런 종이의 경계선은 너무나 효과가 좋았고, 나는 집에서도 똑같이 해보기로 결심했다. 나는 작가 제임스 알투처가 새로운 아이디어를 기록하기 위해 옛날에 식당 종업원들이 쓰던 메모지를 사용한다는 사실을 기억해냈고, 메모지 한 뭉치를 주문했다. 이게 효과가 있을까? 아직은 잘 모르겠지만, 새로운 기법들을 시도해보는 일은 나중에 여러분이 원하는 대로 선택지를 고를 수 있는 창의적인 자유를 안겨줄 것이다.

나는 50종류까지는 아니지만, 언제든 사운드트랙의 볼륨을 낮추기 위해 적극적으로 사용하는 서너 개의 기법을 가지고 있다. 그 중 하나인 목록에 쓰인 항목을 하나씩 지워나가는 일은 내게 마음의 평화를 안겨준다. 다음번에 좀 더 유용하게 사용할 수 있도록 목록을 수정하는 것 역시 내게 마음의 평화를 안겨준다. 여러분의 엉터리 사운드트랙이 혼란스럽게 느껴진다면 해야 할 일의 목록을 만들어보려고 노력하자. 여러분의 머릿속에서 지나치게 많이 떠오르는 생각들은 이 기법을 싫어해서 도망칠 가능성이 아주 크다.

4. 소소한 일

사운드트랙의 볼륨을 낮추고 싶을 때면 나는 빨래를 하고, 우체통을 확인하고, 마당을 정리한다. 큰딸의 자동차에 기름을 채우고, 내 책상을 치우고, 아내가 누구든 언젠가 마침내 그 물건들이 거기에 널브러져 있음을 깨닫고 치우기를 기대하면서 쌓아둔 물건더미를 청소한다. 여러분이 머릿속에서 벗어나 현실 세계로 돌아오기 위한 좋은 방법은 실제로 끝낼 수 있는 소소한 일을 하는 것이다.

그래서 여러분은 어느 날 오후, 물건 하나를 사기 위해 마트에 간 내 모습을 보게 될 것이다. 물론 식초맛 프링글스가 최고의 맛임은 분명하지만 그게 없다고 절망에 빠지는 것도 아니다. 나는 그저 지나치게 많은 생각에 갇혀 있던 스스로를 풀어줄 달성 가능한 과제가 필요했을 뿐이다. 그러한 과제들이 하찮아 보일지 몰라도, 사운드트랙의 소리를 낮췄을 때 얻을 수 있는 이익은 막대하다.

5. 친구

엉터리 사운드트랙에 빠진 나 자신을 깨달았을 때 그 볼륨을 줄일 수 있는 가장 빠른 방법 가운데 하나는 친구와 커피를 마시면서 수다를 떠는 것이다. 이 방법을 통해 여러분이 엉터리 사운드트랙을 듣는 유일한 사람이라는 거짓말에서 빠져나올 필요가 있다. 내가 말했듯 만 명 이상의 사람들을 설문 조사했을 때 99.5%가 생각이 너무 많아서 어려움을 겪고 있다고 답했다. 우리는 모두 생각과잉에 시달린다. 여러분이 친구에게 엉터리 사운드트랙에 관해 이야기한다면 두 가지 일이 벌어질 것이다.

1. 친구는 그게 사실이 아니라고 말한다.
2. 친구는 자기가 듣는 사운드트랙 중 하나를 공유한다.

왜 친구들은 그게 사실이 아니라고 자신 있게 말할 수 있는 걸까? 왜냐하면 타인은 객관적으로 상황을 판단해 거짓말을 간파할 수 있기 때문이다. 친구들이 얄밉게 구는 사운드트랙에 관해 이야기할 때면 나는 그 친구들에게 단번에 진실을 말해준다. "너는 이 세상 최악의 엄마가 아니야. 당연히 아니지. 히틀러의 엄마면 몰라도." 이것이 내게는 얼마나 쉬운 일이었는지

여러분이 친구에게
엉터리 사운드트랙에 관해
이야기한다면
두 가지 일이 벌어진다.

1. 친구는 그게 사실이 아니라고 말한다.
2. 친구는 자기가 듣는 사운드트랙 중 하나를 공유한다.

보이는가? 그렇다면 나는 여러분에게 내 사운드트랙 가운데 하나를 들려주려고 한다. 좋은 친구들이 함께 모이면 좋은 점이 그런 거니까.

정말 네가 얻은 건 그게 다야?

체면을 중시하는 생각중독자가 어디 고작 다섯 가지의 기법만 공유할까? 내 말인즉슨, 사실 여러분이 레고를 싫어한다면? 레고 조각을 밟은 적 있다면? 그런 사람에게 레고 조립이라는 기법은 정말 악마의 양탄자가 아니던가. 만약 달리기가 형벌처럼 느껴진다면? 차라리 나는 '치실질을 하는 건 사운드트랙 소리를 줄여주는 훌륭한 기법이야'라고 말하는 게 나았을 수도 있다. 여러분의 친구들이 모두 듬성듬성한 콧수염을 기르고선 여러분 얼굴에 '오혜 받는 편'이라는 문신을 꼭 새겨야 한다고 우긴다면? 전통적인 사회에서 벗어난 나만의 개성을 강조하려고 일부러 '오혜'라고 쓰면서? 그러면 어떻게 해야 할까?

우리는 생각이 넘치는 사람들이다. 우리는 다섯 가지의 기법만으로는 안 된다. 오십 개쯤 세게 밀어붙이지 않으면 아예 하지를 않으니까!

나도 거기에 동의한다.

엉터리 사운드트랙이 시끄럽게 들릴 때
당장 사용할 수 있는 50가지 볼륨 낮추기 기법

1. 여러분이 가장 좋아하는 길을 따라 짧은 드라이브를 즐겨라. 창문은 내리고 음악은 높이자. (방금 브루스 스프링스틴 노래를 썼다 지움)

2. 커피 한 잔을 마시자. 카페인은 신의 음료니까.

3. 서랍을 정리하자. 시간이 있다면 옷장 전체도 괜찮다.

4. '스티븐 시갈'과 '러시아'를 구글로 검색해보고 스티븐 시갈이 최근까지 어떻게 살고 있는지 본다. 절대 실망하지 않을 거다.

5. 어질러진 물건을 제자리로 돌려놓는다. 우리 집 신발은 언제나 자기 집을 떠나 차고에서 모험을 즐기고 있는 것처럼 보인다.

6. 강아지를 산책시키거나, 아니면 애견 공원에라도 가보자. 강아지를 키우지 않으면서 모든 강아지를 쓰다듬어주기 위해 애견 공원에 가는 건 좀 섬뜩하다는 이야기를 듣긴 했다. 명심하겠음.

7. 15분 분량의 영국에서 만든 서바이벌 요리 프로그램을 본다. 영국 TV의 판정단은 참가자들이 만든 요리를 두고 아주 사적인 수준까지 창피를 주는 대신 격려해준다.

8. 사운드트랙 볼륨 조절용 털실 목도리를 몇 줄 더 뜬다.

9. 낮잠을 잔다. 어렸을 때 낮잠 자기 싫어서 화냈던 기억이 나는가? 이제 우리는 낮잠을 사랑하게 되었다.

10. 진짜 종이와 진짜 우표를 꺼내 진짜 손글씨로 누군가에게 감사의 편지를 남기자.

11. 지난번에는 너무 심하게 소모적인 문자를 보냈던 친구에게 무언가 격

려하는 내용의 문자를 보내보자.

12. 퍼즐 몇 조각을 맞춰보자.

13. 소설을 조금 읽어보자. 굳이 고전을 읽을 필요는 없다. 장마다 클라이 맥스가 등장하는 킬링타임용 책도 괜찮다.

14. 헤드스페이스 Headspace 나 캄 Calm 같은 명상 앱을 십분 간 사용한다.

15. 어린아이에게 신발 신는 법을 가르친다. 농담이다. 왜 자신에게 그런 짓을 하는가? 그냥 아이에게 크록스 한 켤레를 사줘서 마무리하자. 아무도 신발 끈 묶을 시간 같은 건 없으니까.

16. 체육관에 가라. 그러고 싶은 의욕이 없다면 돈을 내야 하는 수업에 등록하자. 그래야 목숨 걸고 운동하게 될 테니.

17. 체육관에 갈 수 없다면 팔 벌려 뛰기 열 번, 팔 굽혀 펴기 열 번, 아니면 윗몸 일으키기 열 번을 하자.

18. 위의 세 가지가 가장 싫어하는 운동에 속한다면 짧은 산책을 나가자.

19. 십 분 동안 놀이터에서 그네를 타자. 어른이 되어가는 과정에서 우리 대부분은 그 단순한 즐거움과의 연결고리를 잃고 만다.

20. 여러분이 가장 좋아하는 교수인 척하며 오늘은 혼자만의 야외 수업을 열어보자. 회사벤치나 뒷마당 의자를 찾아 신선한 공기를 마셔보자.

21. 가장 좋아하는 코미디언의 방송을 십 분 동안 보자.

22. 샤워나 목욕을 하자. 그냥 드라이샴푸를 뿌리는 게 아니라 진짜 샴푸를 쓰자. 우리 아내는 결혼생활 15년 동안 이런 속임수를 쓰다가 딱 걸렸다. 누군가를 다 파악했다고 생각하게 되는 바로 그 순간에.

23. 심호흡을 몇 번 하자. 이 방법이 좋은 이유는 숨을 쉬는 건 늘 계획되어 있는 일이고, 따라서 그중 몇 번만 깊게 들이마시면 되니까.

24. 계절이 다소 안 맞더라도 여러분이 가장 좋아하는 음악을 듣자. 7월에 '찰리 브라운의 크리스마스'를 크게 틀어놓고 싶다고? 그럼 그렇게 하면 된다.

25. 엄마에게 전화한다.

26. 아니면 엄마와의 관계에 따라 엄마랑 일주일 동안 말을 하지 않는 것도 괜찮다.

27. 옷을 잘 차려입자. 물론 집에서 파자마를 입고 일하는 게 모든 이의 꿈인 건 알지만, 다 늘어진 추리닝은 엉터리 사운드트랙의 교복이라 할 수 있다. 플란넬 옷은 몇 시간 후면 패배자처럼 느껴질 수도 있고, 가운은 의상계의 멜라토닌이다. 이는 우리가 코로나 팬데믹 동안 재택근무를 하며 알게 된 것들 가운데 하나가 아니던가. 벨트를 채우면 이미 추진력을 얻은 것처럼 느껴질 것이다.

28. 여러분이 좋아하는 팟캐스트의 최신편을 듣는다.

29. 지난 휴가에서 찍은 사진들을 살펴본다. 데이비드 토머스가 말하길, 일단 몇 가지 신체적인 볼륨 낮추기 기법을 확보했다면 디지털적인 기법을 몇 가지 추가하는 것도 좋다.

30. 여러분의 다음번 휴가를 계획하자. 장소를 고르고, 시기를 고르고, 그곳에 가서 할 한 가지 활동을 고르자.

31. 가장 좋아하는 1980년대나 90년대 영화를 보자. 시애틀타임스가 "스키 슬로프 위의 탑건"이라고 적절히 표현한 영화 〈질주Aspen Extreme〉로 시작해보자.

32. 집에 있다면 촛불이나 아로마 오일 디퓨져를 켜자.

33. 새로운 취미를 시작한다. 기타 치는 법을 배우자(당연히 오아시스의 '원더

월'부터 시작해야 한다). 수채화 그리기도 시도해보자. 도예 수업에 등록하자.

34. 가계부를 쓰자. 이 일은 내게 공황장애를 안겨주지만, 대부분 사람에게 숫자를 만지는 일은 엉터리 사운드트랙이 상황들에 더하는 모든 감정을 진정시켜주는 훌륭한 방법이 된다.

35. 언제나 기분이 좋아지는 가장 좋아하는 물건들을 넣은 '행복 상자'를 만들자.

36. 새 모이통을 사자. 며칠 사이에 여러분 마당을 방문하는 날아다니는 예술품에 감탄하게 될 것이다.

37. 다람쥐에게 고함을 친다. 새 모이통을 사면 이 활동을 무료로 즐길 수 있다.

38. 성인용 컬러링북에 몇 분을 투자하자. 실제로 컬러링북은 많은 성인남녀가 즐기는 엄청난 인기 공예다.

39. 아이들과 보드게임을 한다. 단, 모노폴리는 제외하고. 사운드트랙을 잠재우기 위해 아홉 시간을 쓸 수는 없으니까.

40. 소소한 간식을 먹는다. 스니커즈가 딱 좋다. 출출할 때 넌, 네가 아니야.

41. 머리를 자르고, 손톱을 손질하고, 아니면 마사지를 받자. 이는 100% '자신을 소중하게 여기기' 행동을 모아놓은 것이다.

42. 가장 좋아하는 인스타그램 계정 몇 개를 쭉 훑어보며 잠시 시간을 보내보자.

43. 가장 좋아하는 게임을 한다. 집에 있다면 포트나이트나 스매시 브라더스를 몇 분 동안 해보자. 직장에서는 점심시간이 되면 앱을 열고 가상의 옥수수를 키우자.

44. 오디션 프로그램에서 무명의 가수들이 오디션을 보고 심사위원들을 감탄하게 만드는 영상을 찾아보자.

45. 영상 이야기가 나온 김에, 파병 갔던 군인들이 집으로 돌아와서 자기 아이들을 놀래주는 영상도 보자. 단, 회사 동료에게는 왜 여러분이 책상 앞에서 훌쩍거리고 있는지 설명할 준비를 할 것.

46. 숲으로 나가자. 당장 내일 아팔래치안 트레일*을 오를 필요는 없지만 숲속을 거니는 일은 하루를 리셋 할 수 있는 훌륭한 방식이다.

47. 글로 또박또박 나타내자. 엉터리 사운드트랙이 그저 머릿속에서만 빙빙 돌게 내버려 두지 말자. 종이 한 장에 글로 써서 사운드트랙의 크기를 그에 맞게 줄이자.

48. 다른 누군가를 위해 친절한 행동을 하자. 친구에게 꽃다발을 사주거나, 동료를 공항에 데려다주거나, 이웃에게 커피 한 잔을 사는 것도 좋다.

49. 마음을 진정시켜주는 노래, 또는 기상용 음악을 담은 플레이리스트를 만들자. 첫 번째 플레이리스트는 앨범 전체에 코펜하겐의 외로운 밤거리가 어떻게 들리는지를 담은 덴마크의 엠비언트 뮤직Ambient Music** 작곡가로 채울 수 있고, 두 번째 플레이리스트는 코펜하겐에서 촬영한 〈분노의 질주 27〉이 떠오를 만한 노래로 가득 찰 것이다.

50. 여러분이 너무 오래 휴대폰을 붙들고 있다는 것에 관련된 엉터리 사운드트랙이 있다면 잠시 휴대폰을 내려놓고 쉬자.

---

* 미국 동부를 사선으로 잇은 총 3,502Km의 산길이다.
** 영국에서 유래된 전자음악으로 단순한 리듬과 반복적인 멜로디로 이뤄진 공감각적이고 명상적인 음악이다.

앞의 목록 중에서 여러분에게 효과적인 볼륨 낮추기 기법을 찾을 수 없다면 여기에 51번째 기법이 있다. '거짓말은 그만.' 나는 여러분이 러시아의 스티븐 시갈을 아직 찾아보지 않았다는 것을 안다. 아무도 해보지 않을 줄 알았다. 푸틴이 그를 대미 특사로 임명했다는 사실을 아직도 모르지?

다른 특별한 방법을 시도해봤다면 내게 알려주시길. 여러분들이 가장 좋아하는 볼륨 낮추기 기법을 인스타그램에 올린 후 #soundtracks라는 해시태그를 달고 @JonAcuff를 태그하면 내가 볼 수 있을 것이다. 나는 언제나 사운드트랙의 볼륨을 낮출 수 있는 신선한 방식을 찾고 있으며 여러분들이 어떻게 하고 있는지 보고 싶다.

엉터리 사운드트랙을 물리치는 일은 생각과잉을 해결하는 즐거운 방식이다. 여러분이 그렇게 할 수 있다면 지구상에서 자기가 무슨 생각을 하는지도 모르고 사는 99%의 사람들보다 훨씬 앞서나갈 수 있을 것이다.

하지만 진정한 즐거움은 여러분이 사운드트랙을 진짜 듣고 싶은 음악으로 교체할 때 생겨난다.

최고의 것들을
빌려오자

문제는 여러분이 오늘 사운드트랙을 들을 것인지 말 것인지가 아니라, 사운드트랙을 선택할 것인지, 아니면 운에 맡길 것인지다.

어떤 아침에는 일어나자마자 불을 켜지도 않고 이렇게 묻는다. "좋아, 감정아, 넌 오늘 무슨 사운드트랙을 듣고 싶니?" 내 감정은 말한다. "화난 거!" 나는 보통 내 감정이 왜 이 특정한 곡을 골랐는지 묻지 않는다. 기억은 못하지만, 혹시 지난 밤 누군가가 우리를 기분 상하게 했는지도 묻지 않는다. 그저 "좋았어!"라고 답할 뿐이다. 나는 '이유 없는 분노'를 볼륨 11로 켜놓고 침대에서 벌떡 일어난다. "왜 그렇게 화가 났어요?" 아내는 내게 물을 것이다. "모르겠어!" 나는 부엌 전체로 빠르게 퍼져 나가는 전혀 이유 없는 분노의 먹구름을 드리운 채 대꾸한다.

이런 일이 여러분에게도 벌어진 적 있는가? 침대에서 바닥으로 발을 내딛기도 전에 여러분의 감정은 온종일 들을 분노의 사운드트랙을 골라낸 적이 있을 것이다. 우리에겐 '침대에서 잘못된 쪽으로 일어났다'*라는 표현도 있지 않은가? 더 좋은 하루를 보내고 싶지만, 내 감정은 오늘 하루가 별로일 것이라고 아침부터 결심해버린다. 침대 한쪽에는 즐거움을, 한쪽에는 독사들을 풀어두고 독사 쪽으로 발을 내디디는 것이다.

나는 감정을 소중히 여긴다. 감정을 두고 쓸모가 없다든지 어리석다든지 나를 해코지하려 한다고 말하려는 게 아니다. 감정과 넷플릭스는 인간과 동물을 구분해주는 두 가지 아니던가. 하지만 내 지나친 생각들을 현미경으로 들여다보면서 감정이 최고의 DJ는 아님을 깨닫기 시작했다.

어느 날 아침에 눈을 뜨자 내 감정이 말했다. "오늘의 사운드트랙은 스트레스야. 온종일 이걸 듣는 거지." 이번에 나는 정말로 물었다. "왜?" 내 감정이 대답했다. "왜냐하면 너는 그 중요한 제안서를 고객한테 보낼 거고, 고객은 그걸 수락하지 않을 거거든." 사실처럼 느껴졌다. 스트레스를 받는다고 해서 특별히 일에 도움이 된다거나 나 자신에게 관대해지는 것도 아니다. 하지만 그 제안서가 중요한 만큼 사운드트랙은 자동으로 틀어졌다. 장담컨대 나는 분명 노력했다. 나는 과하게 구는 내 생각에 이렇게 말했다. "이봐, 오늘 오후에 고객에게서 그 이메일에 대한 답을 받을 때까진 스트레스 받지 말자고. 나는 그 제안서와는 전혀 관계없이 오늘 아침에 해야 할 다른 일들이 많

---

* 고대 로마인들은 왼쪽이 사악하거나 잘못된 것으로 생각해, 아침에 침대에서 나올 때 왼발부터 내디디면 불행이 찾아온다고 믿은 것에서 유래된 표현이다.

거든." 하지만 과하게 구는 내 생각은 낄낄대면서 온종일 내 배경음악으로 스트레스용 사운드트랙을 틀어놓았다.

새들은 도중에 멈추는 일 없이 대서양을 날아서 건널 수 있다. 뇌의 반쪽이 잠을 자는 동안 다른 반쪽은 계속 움직일 수 있기 때문이다. 내가 생각과잉 때문에 마음이 산란해졌을 때가 딱 그런 느낌이다. 나는 가까스로 하루를 견뎌내지만, 내 뇌의 반쪽은 그 사운드트랙을 가장 큰 소리로 틀어놓는다. 고객이 내 제안서를 거부하면 어쩌지? 제안 내용을 반으로 줄여버리면 어쩌지? 모든 게 완전히 무너져버리면 어쩌지? 나는 몇 시간이고 그런 식으로 반복되는 생각에 귀를 기울였다. 그러느라 내 아이들에게 집중할 수 없었고, 아내에게 관심을 기울일 수 없었으며, 회의에는 대부분 불참했다. 나는 나만을 위한 은밀한 콘서트에 앉아 있느라 너무 바빴으니까.

하루가 끝날 때쯤 고객에게서 메시지를 받았다. 고객은 내 제안서를 수락했을 뿐 아니라 일감을 두 배로 늘리기를 원했다. 고객이 내게 지불할 돈의 액수도 두 배가 된다는 의미였다. 내 평생 가장 큰 계약 건이었다. 나는 차고에서 이메일을 읽고 기쁨의 환호성을 질렀다. 이쯤이면 스트레스용 사운드트랙은 끝났어야 하지 않는가?

다음 날 아침, 나는 눈을 떴고 내 감정은 이렇게 말했다. "오늘의 사운드트랙은 스트레스야. 오늘 온종일 이걸 듣는 거지." 나는 대답했다. "잠깐, 뭐라고? 어제 우리가 스트레스용 사운드트랙을 들었던 이유는 제안서 걱정 때문이었잖아. 하지만 제대로 끝났다고! 엄청난 승리야. 우리는 축하의 사운드트랙을 들어야 해!" 그러자 내 감정은 이렇게 대꾸했다. "당연하지, 넌 어마어마한 계약을 땄어. 하지만 네가 제대로 못 하면? 그 정도 규모의 계약이면 엄청난 압박을 받을걸." 그 순간 나는 매일 상황이 어떻게 바뀌든 상관없이 내 감정은 제멋대로 사운드트랙을 선택할 것임을 깨달았다. 스트레스가 오늘의 노래로 결정되면 그 선율을 바꿀 수 있는 사건은 단 하나도 없는 셈이다.

나는 사운드트랙을 선택하는 주체가 바로 내가 되어야 한다고 판단했다. 나는 나만의 플레이리스트를 만들어 그것을 듣고자 했다. 어떻게 해야 하는지 아직 알 수 없었지만, 그저 랜덤 재생 버튼을 누르고 내 감정이 내어놓는 아무 사운드트랙이나 듣고 있는 것보다는 나을 듯했다.

다른 사람의 사운드트랙을 듣자

어느 날 밤 아내와 나는 내슈빌에서 온 다른 커플과 저녁을 함께 먹었다. 서로 그다지 잘 알지 못했기에 우리는 음식을 기다리면서, 그런 자리에서 으레 묻게 되는 유형의 질문들을 두루두루 물었다. "두 분은 어떻게 만나셨어요?" "어쩌다가 내슈빌로 오시게 되었어요?" "취미가 뭐예요?"

나는 그 마지막 질문을 툭 던지고선 고백했다. "좀 유치하긴 한데, 저는 그래픽 노블을 좋아해요." 그 자리는 이상하리만 큼 조용해졌고 아내가 재빨리 끼어들어 침묵을 깼다. "이이 말 은 만화책이요. 그래픽 노블이 그거예요. 만화책." 우리가 '그래 픽 노블'이라고 말할 때, 고등학교를 나온 대부분의 사람이라 면 야한 소설이란 뜻으로 추측한다. 이들은 〈배트맨〉이 아니라 〈그레이의 50가지 그림자〉를 떠올리는 것이다.

거의 모르는 사람에 가까운 사람들과 저녁을 먹는 그 자리 에서 나는 자랑스럽게 가장 즐기는 취미 가운데 하나가 야설 이라고 선언한 것이다. "많은 사람들이 그래픽 노블을 서사와 구성 때문에 좋아한다고 하지만, 저는 그렇지 않아요. 저는 그 생생함을 가장 좋아한답니다." 어색한 밤이었지만, 나는 대화 를 하다가 대형 사고를 치는 데 익숙했다. 사람들과 생각과잉 을 주제로 이야기를 나눌 때면 확실히 그런 사고가 더 많이 일 어났다.

누군가에게 생각과잉에 관한 글을 쓰고 있다고 말하면 그 사람들은 예상대로 이렇게 대답했다. "와, 제게 필요한 책이네 요. 전 생각이 너무 많거든요." 그리고 내가 "무엇에 대해 그렇 게나 많이 생각해요?"라고 물으면 사람들은 대답했다. "모든 것이요!" 나는 이 사람들에게 생각과잉으로 커다란 지체를 겪 는 영역을 나열해보도록 했고, 해당 사운드트랙의 볼륨을 줄 일 수 있는 몇 가지 제안을 했다. 하지만 그러다가 나는 태세를 바꿔 묻곤 했다. "그럼 그 대신에 어떤 사운드트랙을 듣고 싶어 요?" 그러면 사람들은 공허한 눈빛으로 나를 쳐다봤다.

사람들에게는 그들이 듣고 싶은 새로운 사운드트랙의 목록을 만드는 일보다 물리치고 싶은 엉터리 사운드트랙을 골라내는 일이 100% 더 쉬운 것이다. 2008년의 나도 그랬다. '나는 대중강연가도 되고 작가도 될 수 있어!'라는 사운드트랙에 귀를 기울이기로 결심했을 때, 내가 듣고 싶은 다른 긍정적인 생각들을 기록하진 않았다.

백지는 나에게 너무 위협적이었다. 그래서 나는 나만의 사운드트랙을 떠올리려고 애쓰는 대신 무언가 다른 방법을 찾아보기로 했다. 다른 사람의 사운드트랙을 듣는 것이었다.

도로시 파커에게 은총을

나는 15년 전 작가 도로시 파커로부터 사운드트랙 하나를 빌린 후, 성공 가도를 달려왔다. 그 사운드트랙은 거의 매일 흘러나오면서, 나의 책 집필과 연구, 그리고 경력을 이끌어주는 정말 중요한 요소 가운데 하나가 되었다. 여러분의 흥미가 떨어질 이쯤에서 그게 무엇인지 공유해야겠다.

파커는 언젠가 이렇게 말했다. "창의성은 야성적인 정신과 잘 훈련된 눈이다." 야성적인 정신이란 머릿속에 수천 가지 다양한 아이디어를 넣을 수 있도록 스스로 허락한다는 의미다. 여러분은 노래 가사, 우편집배원의 한마디, 커피숍 간판, 호기심 넘치는 꼬마의 질문, 그리고《뉴욕타임스》에 실린 기사에 관심을 기울이고, 아주 약간이라도 흥미로운 것은 무엇이든 수집하면 된다. 그러다가 전혀 관련 없는 아이디어들을 방대하게 수집해버렸음을 깨닫는 그 순간, 이전까지 누구도 발견하지 못한 그 아이디어 간의 관련성을 찾게 될 것이다.

나는 책이나 기사, 연설문을 쓸 때 이러한 접근법을 활용한다. 예를 들어, 내가 회사강연에서 자주 제시하는 주제 가운데 하나가 '공감'이다. 나는 미주리주 브랜슨에서 만난 어느 굴뚝청소부가 해준 이야기와 상사Bose에서 일하면서 배운 마케팅 원칙, 닥터 드레의 랩 가사 등을 섞어서 강연 내용으로 활용한다. 내가 이 세 가지 아이디어를 처음 수집할 때만 해도 서로 아무런 연관성이 없었다. 하지만 이 아이디어들을 서로 연결하자 청중들이 매우 기억하기 쉬운 사운드트랙이 탄생했다.

내가 나만의 사운드트랙을 선택할 수 있다는 사실에 눈을 뜨자, 중요한 결정을 내릴 수 있었다. 다만 '나는 대중강연가도 되고 작가도 될 수 있어'라는 생각이 기습적으로 떠오르는 데까지 32년이 걸렸다. 이대로라면 나는 예순네 살이 되어서야 "좋아, 내 인생에 있어서 사실적이고 유용하며 친절한 두 번째 사운드트랙을 찾아냈어"라고 말할 것이었다. 또다시 유레카를 외치는 순간이 찾아오기를 기다리고만 있을 수 없었다는 뜻이다.

나는 다이얼 접근법으로 지나치게 많은 생각을 진정시키고자 했는데, 장기적인 성공을 위해서는 새로운 음악의 볼륨을 높이는 것도 중요한 것 같았다. 이처럼 생각과잉의 해결책은 더 많이 생각하는 것이 아니라 행동하는 것이다. 엉터리 사운드트랙은 물리치자. 그리고 이를 새로운 사운드트랙으로 교체하자. 이 새로운 사운드트랙이 옛날 사운드트랙처럼 자동으로 재생되도록 자주 반복하자. 이 모든 것이 행동이다.

나는 새로운 사운드트랙을 찾기 위해 내 머릿속 깊숙이 들어가는 대신 새로운 것을 찾아 주위를 둘러보기로 결심했다. 나만의 노래를 찾아 듣는 것보다 칠십억 명의 사람들이 귀 기울이는 노래에 접근하는 것이 훨씬 가능성 있어 보였다. 나는 도로시 파커처럼 되기로 결심했다. 야성적인 정신을 갖추리라. 친구의 말과 영화 대사, 그 외에 나를 밝혀줄 모든 것에서 이야기와 의견을 모으리라. 그렇게 되면 그 관련성을 볼 수 있는 눈이 생기고, 이를 리믹스해서 매일 아침 나를 가로막지 못하는 나만의 플레이리스트를 가지게 되리라.

어떻게 나는 이런 말을 자신 있게 할 수 있게 되었을까?

왜냐하면 내 인생은 쩔거든.

카네이는 어떻게 했을까?

여러분의 뇌가 수집의 방식으로 새로운 사운드트랙 찾기를 허락한다면, 기대치 못한 곳에서 불쑥불쑥 튀어나오는 말과 글로 깜짝 놀랄 것이다. 이를 무시한다는 것은 실질적으로 불가능하다. 나 또한 오랫동안 잊고 있었던 카네이 웨스트의 한 영상을 통해 신선한 사운드트랙을 갖게 되었으니까.

그 영상 속에서 코미디언 데이브 샤펠은 〈투나잇쇼〉의 진행자 지미 펄론에게 자신이 처음 카녜이를 만난 날에 관해서 이야기했다. 당시 카녜이는 상대적으로 무명이었지만 샤펠은 자신의 코미디 쇼에서 이 젊은 음악가가 공연할 수 있도록 계약했다고 했다. 어느 날 둘은 유명한 릭 제임스의 풍자극을 비롯해 지금껏 방송된 적 없는 코미디 센트럴 쇼의 영상들을 함께 감상하고 있었다. 그러던 중에 카녜이의 전화기가 울렸다고 한다. 이쯤에서 샤펠은 펄론에게 이렇게 말했다. "그 자리에 있던 사람 누구라도 카녜이가 스타가 되리라는 걸 알았을 거예요."

전화를 받은 카녜이는 수화기 너머의 사람에게 말했다. "아니, 아니, 난 못해. 왜냐하면 난 지금 〈데이브 샤펠〉 쇼를 편집하는 중이거든. 지금까지 아무도 본 적 없는 콩트들을 보고 있어." 그러더니 카녜이는 잠시 멈췄다가 다음과 같이 말을 하고 전화를 끊어버렸다. "왜냐하면 내 인생은 쩔거든. 나는 진짜 쩐다고, 이 XX아." 펄론은 이 이야기를 들으며 포복절도했고 샤펠은 이렇게 말했다. "다른 사람들 몰래 한 이야기가 아니에요. 심지어 몰래 한 이야기도 아니라고요!"

카녜이의 자신감과 열정, 그리고 자기 인생이 얼마나 즐거운지 받아들이는 의지가 나를 향해 불쑥 다가왔다. 무언가 좋은 일이 생길 때마다 저런 사운드트랙을 들을 수 있다면 어떨까? '내 인생은 쩔고, 나는 진짜 쩐다고, 이 XX아.' 내가 평소에 듣는 '분명 멋질 텐데'라는 말보다 훨씬 나을 것 같았다.

생각과잉의
해결책은
더 많이 생각하는 것이 아니라
행동하는 것이다.

나는 이 말이 어디서부터 시작되었는지 모르겠다. 그저 안경을 쓴 어느 노파가 나를 내려다보며, 내가 갓 경험한 눈곱만큼의 즐거움조차 깎아내리는 모습이 떠오를 뿐이다.

'책 계약을 한다면 분명 멋질 텐데.'

'내 나름의 스케줄을 세울 수 있다면 분명 멋질 텐데.'

'그 휴가를 갈만한 능력이 있다면 분명 멋질 텐데.'

아마도 이 말은 '누구누구는 빈 시간이 아주 많대!'라는 구절의 사촌쯤 될 것이다. 누군가가 이 말을 여러분에게 했다면 이는 '나는 너보다 훨씬 더 바빠, 그러니까 그걸 할 시간이 없어.'라는 의미일 것이다. 다만 이 말을 대놓고 할 수가 없으니 대신에 '분명 멋질 텐데'와 '누구누구는 빈 시간이 아주 많대!' 같은 말을 하는 것이다.

온라인상에서도 비슷한 일이 벌어진다. 언젠가 나는 내 알람시계 사진을 SNS에 올린 적 있다. 비행기를 타기 위해 새벽 4시 30분에 일어났고, 내 팔로워들에게 이토록 이른 시간에 무엇을 하고 있냐고 물었다. 한 사람이 답글을 달았다. "저는 4시 30분이 저에게도 이른 시간이라면 분명 멋질 거라고 생각하며 님의 시계 사진을 보고 있어요. 저는 매일 새벽 3시 50분에 일어나거든요. 만약 4시 30분까지 잤다가는 늦잠을 잤다는 사실에 짜증이 날 거예요." 자승자박이었다. 심지어 마크 월버그 기준으로 보면, 새벽 두 시에 드웨인 존슨과 하는 버피 운동 시간을 놓친 우리 둘 다 게으른 셈이었다.

나는 카녜이의 사운드트랙이 마음에 들었고 이를 빌리기로 결심했다. 그 이후, 무언가 멋진 일이 생기면 나는 큰소리로 이렇게 말했다. "내 인생은 쩔거든." 두 번째 문장은 입 밖으로 내지 않았다. 내게는 귀가 엄청나게 밝은 어린아이들이 있고, 이들은 이미 자기 아빠가 그래픽 노블에 빠져 있다는 사실에 영향을 받고 있었기 때문이다.

처음 열 번 혹은 스무 번 동안에는 "내 인생은 쩔거든"이라고 말하는 게 어색했다. 하지만 곧 재미있는 일이 벌어졌다. 감사함을 깨달은 것이다. 사람들은 모두 감사하게 사는 것이 얼마나 중요한지 이야기한다. 하지만 내게는 곳곳에 너무나 많은 생각이 있어서 감사라는 마음을 잘 느낄 수 없었다.

게다가 현재를 인정하지 못한다면 감사함을 느끼기 어렵다. 내가 듣는 '분명 멋질 텐데' 같은 사운드트랙은 내가 무언가를 누릴 자격이 없다는 죄책감을 의미했다. '너무 큰 기대는 하지 마라' 같은 사운드트랙은 좋은 일이 생겼을 때 지나치게 동요했다가는 그것을 잃게 되리라는 두려움이었다. 사실 카네이 웨스트의 "내 인생은 쩔거든"이라는 사운드트랙은 재미있고 우스꽝스러우며 영감을 안겨준다고 생각했기 때문에 적어뒀다. 그런데 이를 행동으로 옮기자 감사함이라는 예상치 못한 교훈을 얻게 된 것이다.

언제나 여러분이 상상도 못한 곳으로 데려가 준다. 이러한 점이 엉터리 사운드트랙을 새로운 사운드트랙으로 바꾸는 일의 매력이다. 이 점을 인식하게 되면서 나는 모든 곳에서 사운드트랙을 빌려오기 시작했다.

어느 날 오후, 나는 리프트Lyft 운전사에게 내가 책을 쓰고 있지만 어려운 작업이라고 말했다. 그러자 운전사는 이렇게 말했다. "쉽고 좋은 일은 없는 법이에요." 나는 그 말을 받아 적었다.

나는 음악가 앤디 굴라혼과 함께 행사한 적이 있다. 앤디는 배드민턴에 아주 푹 빠져 있었고, 나는 앤디에게 배드민턴을 쳐보고 싶지만 한 번도 해본 적 없어서 잘 못 할 것이라고 말했다. 앤디는 이렇게 말했다. "처음 해보는 일을 잘하는 사람은 한 명도 없어요." 나는 그 말을 받아 적었다.

나는 미국 여자 마라톤에서 최고기록을 가지고 있는 디나 캐스터가 쓴 책을 읽었다. 성공적인 경력을 쌓은 디나는 육상이라는 운동에서 번아웃이 왔고 거의 그만둘 뻔했다. 그러나 디나는 전설의 육상코치 조 비질을 고용했고 완전히 다른 접근법을 배웠다. 조는 디나에게 "좀 더 발전적이고 사려 깊으며 회복력 강한 정신을 갖추게 될 때, 자신이 할 수 있다고 상상했던 것보다 더 빨리 달릴 수 있다"라고 가르쳤다. 그러한 생각과 훈련의 변화는 디나가 미국 마라톤 역사상 20년 만에 처음으로 올림픽 메달을 딸 수 있게 해줬다. 힘든 상황에서 디나가 듣는 사운드트랙 가운데 하나는 다음 질문이라고 한다. '패배를 인정할래, 아니면 그냥 가속페달을 밟아볼래?' 나는 이 말도 적었다.

버거킹의 '더 킹' 같은 대규모 캠페인을 진행했던 광고대행사, 크리스핀 포터+보거스키는 긍정성을 매우 중요하게 본다. 직원 안내서에서 훌륭한 작업을 할 수 있는 비결 중의 하나로 이를 언급하기도 했다. 이 기업에서는 이를 '망상적 긍정성 Delusional positivity'이라 부르고, "끈질긴 긍정적 태도가 없다면 우리가 이곳에서 하는 일을 해낼 수 있는 방법은 없다. 이는 우리의 미래를 창조하고 우리의 추진력을 만들어낸다. 우리가 가능성의 경계선을 힘껏 밀어내며 계속 앞으로 나아가게 해준다"라고 설명한다. 싫증을 잘 내고 냉소적으로 되기 쉬운 광고업계에서는 특히나 명심해야 할 부분이다. "'망상'이라는 말은 한쪽 발을 냉소적이고 부정적인 세계에 담고 있는 사람들이 긍정적인 태도가 인생에서 얼마나 큰 힘을 발휘할 수 있는지를 더 쉽게 받아들일 수 있도록 만들어준다." 크리스핀 포터+보거스키는 이를 잘 알고 일부러 '망상적'이 되기로 선택한 것이다.

망상적 긍정성이라. 이 말도 빌렸다고 생각하자.

어떤 사운드트랙을 빌려와야 할까?

전부 다.

이 여정의 시작을 앞두고 있다면 어떤 사운드트랙이 새로운 플레이리스트에 들어올 가치가 있는지 판단하느라 시간을 낭비하지 말자. 조금이라도 흥미가 당기면 아무 사운드트랙이나 담자. 그러기엔 품이 너무 많이 든다고? 휴대폰을 꺼내어 현재 얼마나 많은 사진이 저장되어 있는지 한 번 세어보자. 내 휴대폰에는 19,928장이 있다. 여러분이 무언가를 모으는 일에 자신

없는 척하지 말자.

휴대폰 이야기가 나왔으니 말인데, 여러분이 수십억 권의 공책을 가진 변태 같은 작가처럼 늘 손에 공책을 들고 다닐 수 없다면 그 대신 사운드트랙의 사진을 찍자. 사진첩 폴더를 만들어서 여러분을 흥미롭게 만드는 무언가를 볼 때마다 찍어서 그 안에 저장하자. 사진들이 매번 놀라울 필요도 없다.

내 사운드트랙은 '작은 불꽃'이 일듯 마음을 살짝 움직인 것부터 '바로 그거지!'라고 단번에 마음을 이끈 것까지 다양하다. 망상적 긍정성은 '작은 불꽃'이 있는 스펙트럼의 한쪽 끝에 위치해 있어서, 아마도 자주 떠올리지는 않을 것 같다. 스펙트럼의 다른 한쪽에는 내가 자주 이야기하는 사운드트랙들이 자리한다. 그 사운드트랙들은 내가 처음 듣고선 "바로 그거지!"라고 외치게 했던 그런 노래들이다.

어느 날 오후 펫시 클레어몬트에게 들은 이야기가 바로 이에 해당한다. 펫시는 서른 권 넘는 책을 쓴 작가이자 미국에서 가장 성공한 연사 가운데 한 명이다. 이제는 칠십 대에 접어든 펫시는 첫 번째 책을 쓸 때 편집실에서 깨진 일화를 이야기했다. "편집자는 내게 빨간 펜으로 잔뜩 고친 원고를 되돌려 보냈는데, 원고가 피를 흘리는 것처럼 보일 지경이었어요. 나는 그 편집자에게 다음번에는 다른 색깔로 고쳐 달라고 부탁했어요. 빨간 펜은 정말로 의욕을 꺾어버리니까요. 두 번째 교정본은 초록 펜으로 표시해 주었는데, 제가 성장하는 것처럼 느껴지더라고요."

바로 그거지!

여러분이 다음번에 실수를 저지르거나 동료로부터 피드백을 받았을 때 이를 초록 펜으로 상상해보자. 여러분은 실패한 것처럼 좌절하는 대신 성장하고 있다고 느낄 수 있을 것이다. 바로 그거지! 나는 팻시가 그 말을 하는 즉시 얼른 빌려왔다. 여러분도 이런 식으로 해야 한다.

이걸 먼저 빌리자

새로운 사운드트랙을 모을 때 유리하게 시작하고 싶다고? 다음은 내가 개인적으로 유용하다고 깨달은 다섯 가지 방법이다. 여러분의 인생에 맞게 이를 적절히 리믹스하여 더 효과적으로 사용하자. 여러분에게 찾아온 특별한 기회와 도전을 받아들이기 위해서는 결국 이 사운드트랙들을 비틀고, 수정하고, 결합하게 될 것이다. 보통은 그렇다.

1. 사람들이 내게 돈을 벌어주려고 애를 쓰네

내가 사업과 관련된 미팅을 하거나 새로운 기회가 생겼을 때 사용하는 사운드트랙이다. 그렇다고 미팅을 마친 후 마법처럼 정말로 주머니 두둑하게 돈을 챙겨 나오는 경우는 없다. 하지만 이런식으로 생각을 재정리해두면, 회의에서의 내 태도를 바꿀 수 있다. 그렇게 생각하자 내가 해야 할 모든 작업과 프로젝트에서 실패할 수도 있다는 두려움 때문에 꼼짝 못 하는 법이 없다. 나는 이 사람들이 내게 돈을 벌어주려고 애를 쓰고 있다는 사실을 명심한다.

2. 나중엔 기분이 아주 좋을 거야

이것은 바깥 온도가 영하 10도라 달리기를 하고 싶지 않은 날에 주로 트는 사운드트랙이다. 얼마나 추위에 떨지를 생각하는 대신 '나중엔 기분이 아주 좋을 거야. 그때 정말 멋지겠지. 나 자신이 진짜 자랑스러울 테지. 엔도르핀이 마구 솟아나고, 실질적으로 그렇게 한 사람이 바로 나라고 고개를 꼿꼿이 세우게 될 거야'라고 생각하는 것이다. 나는 2019년에 이 사운드트랙을 틀고 1,000마일을 달렸다. 달리기 외에 어려운 프로젝트를 끝낼 때도 똑같다. 나는 여러 편의 영상을 완성하려면 몇 달이나 걸리겠지만 끝내고 난 뒤에는 기분이 아주 좋을 것임을 안다. 나는 나의 현재가 어려움을 겪을 때마다 긍정적인 미래에 초점을 맞춘다.

3. 잔돈을 모아보자

나는 1,000단어를 쓰는 것이 목표라면 1,050단어를 쓴다. 3.1마일을 달리는 것이 목표라면 3.3마일을 달린다. 내 목표가 10명의 고객에게 이메일을 쓰는 것이라면 12통을 쓴다. 나는 그러한 추가적인 노력을 잔돈이라고 생각한다. 그 잔돈은 많아보이지 않지만 계속 쌓인다. 1년이 지나면 그 여분의 50단어는

5,000단어가 된다. 1년이 지나면 그 여분의 0.2마일은 50마일이 된다. 1년이 지나면 그 여분의 이메일 2통은 200통이 된다. 그렇다고 원래 목표가 3마일인데 억지로 10마일을 달리지는 않는다. '더 많이'라고 말하는 엉터리 사운드트랙이 틀어져 있는 셈이기 때문이다. 하지만 약간의 잔돈은 언제나 즐겁게 모을 수 있다.

4. EGO가 아니라 ROI를 따지자

어느 날 오후 이 책의 초고를 읽은 제니가 다가와서 말했다. "피드백을 원해요, 아니면 칭찬을 원해요?" 이 말은 너무나 완벽한 사운드트랙용 질문이었기 때문에 나는 웃기 시작했다. 나는 아마도 프로젝트 초기 단계에서는 칭찬을 원했겠지만, 작업이 진행될수록 실질적인 피드백을 원했다.

나는 내 글뿐 아니라 다른 사업을 할 때도 사용할 수 있도록 제니의 질문을 새로운 사운드트랙으로 리믹스했다. 'EGO가 아니라 ROI를 따지자.' 내 EGO, 즉 자아에 최고의 만족감을 주는 것 대신 최고의 ROI, 즉 투자자본수익률Return on Investment을 가진 것을 골라야 한다는 의미다. 이 말은 미국 기업의 모든 회의실에 붙여놔야 한다. 나는 이 말을 동료들과 나누었다. 그러자 그들은 고개를 저으면서 자신의 자아와 다른 방향으로 흘러가는 데이터는 몽땅 창밖으로 내던져버리는 윗사람들에 관한 이야기를 털어놓았다.

5. 방향을 바꿔. 공황에 빠지지 말고

2020년 봄 코로나바이러스가 내 세상을 통째로 뒤바꿔버렸을 때, 내가 할 일은 간단한 선택을 하는 것이었다. 공황에 빠질 것이냐, 방향을 바꿀 것이냐. 2001년에 닷컴버블로 직업을 잃었을 때는 뉴스에 집착하고 종말론자 SNS를 탐닉하면서 몇 주, 아니 몇 달 동안 꼼짝도 못 했었다. 온종일 마카로니 앤 치즈를 먹었더니 몸무게가 20파운드 늘어서 이—추리닝은—너무나—편한—것 체중이 되어버리기까지 했다. 하지만 이번에 나는 사운드트랙의 힘을 연구하며 막 2년을 보낸 참이었고, 어떻게 해야 하는지를 알고 있었다.

나는 작은 카드에 '방향을 바꿔. 공황에 빠지지 말고'라고 썼다. 그리고 나 자신에게, 귀를 기울여줄 아무에게나 그 사운드트랙을 반복했다. 코로나바이러스 이후 나는 새로운 유튜브를 시작했다. 현장 행사들이 취소되었을 때는 온라인강의를 활용했다. 나는 '방향을 바꿔. 공황에 빠지지 말고'라는 새로운 기조를 전 세계 고객들에게 가르쳤다. 나는 수천 가지 다른 방식으로 방향을 바꿔왔는데, 혹여나 다음번에 인생이 또 내게 변화구를 던지더라도 처음부터 다시 시작하리라.

여러분이 빌려올 수 있는 사운드트랙의 수는 끝이 없다. 최소한의 제한도 없다. 여러분은 모든 과정을 관장할 수 있다. 여러분만의 속도로, 여러분이 가장 잘 실행할 수 있는 아무 방식으로나 모으자. 이건 실패할 수 없을 만큼 쉽다.

사운드트랙을 모으는 것 자체로도 아주 즐겁지만, 진정한 즐거움은 여러분만의 플레이리스트를 만들어낼 때 시작된다. 여러분이 이 장을 읽으면서 몇 가지를 적어놓았다면 이미 훌륭한 플레이리스트를 짜기 시작한 것이다.

그렇지 않더라도 걱정하지 말자. 새로운 질문을 통해 여러분이 듣게 될 최고의 사운드트랙을 어떻게 만들면 되는지 보여줄 테니까. 그 새로운 질문이란 이것이다.

'여러분은 어디에서 이기고 싶은가?'

제5장

이기고 싶은 지점을
파악하라

2008년부터 '나는 대중강연가도 되고 작가도 될 수 있어!'라는 사운드트랙을 믿기 시작했음에도 불구하고, 2017년 뜻하지 않게 작은 장애물에 부딪혔다.

2017년은 내 책 『피니시』가 출간된 해이자 내가 진창에 빠져버린 해였다. 나는 글 쓰는 일을 그만두기로 결심하지 않았고, 공식적으로 이를 선언하거나 은퇴를 기념하는 순회공연을 한 것도 아니었다. 그저 어느 날 고개를 들어 깨닫길, 1년 동안 글을 쓰지 않았고 출간 예정인 새로운 책도 없었다.

본업이 따로 있고 부업으로 글을 쓰는 사람이라면 그다지 큰일이 아니겠지만, 나는 그런 경우가 아니었다. 내가 하는 일은 딱 두 가지였다. 책을 쓰고, 그 책을 주제로 강연하는 일. 내가 글을 쓰지 않는다면 결국엔 대중강연의 기회마저 말라버릴 테고, 어쩌면 나는 광부가 되어야 할 것이었다. 나는 거무스름하다는 사실 빼고 석탄에 대해 아는 것이 거의 없다. 하지만 미국의 주요 석탄 생산지인 켄터키주 근처에 사는 만큼, 광부가 된다면 글의 소재는 많이 찾을 수 있으리라.

글을 쓰지 않을수록 내 생각은 더더욱 시끄럽게 넘쳐났다. 이제 와서 생각해보니 이해가 간다. 행동이 생각과잉에 빠지는 일을 막아주기에, 아무런 행동을 하지 않는 일은 생각이 넘쳐나게 부추길 수밖에 없다. 나는 글 쓰는 '행동'을 하지 않았기 때문에 지나치게 많은 생각에 더더욱 빠진 것이다. 고약한 악순환이었다.

생각이 넘쳐나다 보면 옴짝달싹 못 하는 느낌을 받게 되는데, 이는 여러분이 행동하지 않는다는 의미다. 바쁘게 움직이지 않으면 남는 시간과 에너지를 생각하는 데 쓰게 된다. 점점더 생각이 넘쳐나게 되면 점점 더 진창에 빠져버린 기분이 들고, 그렇게 되면 점점 더 행동하지 않게 된다. 점점 더 행동하지 않게 되면 어떻게 될까? 더욱 많은 생각이 넘쳐나게 된다. 더욱 많은 생각이 넘쳐나게 되면 어떻게 될까? 행동하지 않게 된다. 나는 이러한 악순환을 수천 번 되풀이했다.

내가 노트북 근처에 있거나 어떤 아이디어를 간단하게 기록해둬야겠다고 생각할 때면 다음 책을 쓰는 일이 얼마나 어려울지에 관한 사운드트랙이 귓가에 들려왔다.

'아직 좋은 아이디어가 있는 것도 아니잖아. 완벽한 아이디어를 떠올릴 때까지 글쓰기를 시작해선 안 돼.'
'넌 이미 여섯 권의 책을 썼어. 이젠 할 말도 없을걸.'
'그 어느 때보다 위험부담이 높아졌단다.'

'네 동료는 너보다 훨씬 더 앞서 있어.'

약 18개월 동안 시작도 해보고, 멈춰도 보고, 그만둬 보기도 하고, 저주의 말을 퍼붓기도 하며 나는 계속 시도했다. 다시 이기고 싶었다. 아무것도 못 하는 상태에 질려버렸고 내게 박차를 가해줄 새로운 사운드트랙 몇 곡이 필요하다는 것을 깨달았다. 시행착오 끝에 내가 습관처럼 떠올릴 수 있는 가장 확실한 노래에 안착했다. '글쟁이는 글을 쓰는 거야.' 그렇지. 글쟁이가 되려면 글을 써야만 했다.

승리가 눈앞에 있었다. 나는 책이 쓰고 싶었고, 나를 거기까지 데려다줄 '글쟁이는 글을 쓰는 거야'라는 사운드트랙이 있었다. 이제는 행동할 일만 남았다. 나는 강연을 위해 출장을 다니거나 실질적으로 돈이 되는 다른 일을 하지 않는 3개월 동안 새로운 책을 쓰고자 슬그머니 한 커피숍으로 갔다. 왜냐고? 왜냐하면 글쟁이는 글을 쓰는 법이니까.

나는 아침마다 커피숍 직원들이 출근하기도 전에 가서 다리의 감각이 모두 사라질 때까지 머물렀다. 그 커피숍이 어디인지 알려줄 수 있지만, 정말 마음에 드는 곳이라 누군가가 내 자리를 빼앗지는 말았으면 싶다. 그곳에서 백 개의 단어는 천 개의 단어가 되었고, 만 개의 단어가 되었다. 마침내 나는 그 누구도 읽지 않을 5만 단어짜리 책을 썼다. 하지만 아무도 그 책을 읽지 않았으면 좋겠다. 끔찍하게 못 썼으니까. 여러분에게 강조하고 싶은 바는 그 책이 '일만 하고 놀지 않으면 바보가 된다'

를 200장 길이로 쓴 것일 뿐, 특별히 좋은 내용도 아니라는 점이다. 내가 커피숍에서 큰 소리로 낄낄 웃으며 쓴 백 개의 짧고 웃긴 수필 모음집이지만 아마도 다른 사람들은 하품이 나오도록 지루할 수도 있다.

나는 왜 블랙커피가 뜨거운 음료계의 크로스핏CrossFit* 인지에 대해 345개의 단어로 된 글을 썼다. 블랙커피는 내가 마시고 있다는 것을 다른 사람에게 알리지 않고 마시는 게 불가능하므로 크로스핏과 같다는 식의 글이다. 또한 나는 어쩌다가 우리 동네에 사는 산악오토바이 타는 남자가 박살 나길 바라게 되었는지에 대해서 400개의 단어로 글을 쓰기도 했다. 물론 그 남자는 2003년 정장을 입지 않게 된 이후에 상처를 입어봤겠지만, 살짝 다치는 것만으로는 부족했다. 다시는 그 남자의 산악오토바이가 한밤중에 우리 집 앞에서 앞바퀴를 들고 달려가는 짓거리를 할 수 없게 될 만큼 확실하게 다쳐야 했다. 이 책 때문에 출판사들이 내 앞에 줄을 서지는 않을 것 같다.

그래도 괜찮다. 글쓰기의 목표가 책을 내는 것이 아니었기 때문이다. 목표는 나를 풀어놓는 것이었다. 나는 창의적인 부분에서 꽉 막혀 있었다. 따라서 새로운 사운드트랙 '글쟁이는 글을 쓰는 거야'를 만들어냈고, 이를 행동으로 옮겼다. 훌륭한 출발이었지만, 이제 나는 실제로 팔 수 있는 새로운 책을 써야만 했다. 훨씬 더 큰 승리를 위해서는 새로운 사운드트랙이 더 많이 필요했다.

---

* 여러 종류의 운동을 섞어 단기간 고강도로 행하는 운동 방법이다.

사운드트랙을 교체해 줄 압도적 행동

앞서 여섯 권의 책을 쓰는 일은 내게 고문과도 같은 과정이었다. 내가 이렇게 느끼는 건 나 같은 작가들이 단체로 믿는 사운드트랙이 그런 것이기 때문이다. 다음은 그런 사운드트랙과 관련한 유명한 인용문이다. "글쓰기는 쉽다. 그냥 혈관을 절개해 피를 흘리기만 하면 된다." 아우, 이런 신파조라니. 책 한 권을 마친 한 친구는 이렇게 말하기도 했다. "글을 쓸 때 우린 언제나 자신의 책을 미워하고 자신도 미워하게 되지."

나는 내 책을 쓰기 위해 이 모든 부정적인 사운드트랙을 떨쳐버리고 새로운 사운드트랙을 만들어낼 필요가 있다고 판단했다. 내가 가진 부정적인 사운드트랙은 '형편없는 글은 쓸모없다'는 것이었다. 나는 지금 여러분이 읽고 있는 바로 이 책을 쓰기 전 기조를 잡을 수 있는 간단한 것을 원했다. 사운드트랙에 관한 책을 쓰기 위한 사운드트랙이 필요했던 것이다. 나는 내 아이디어 모음집에서 수없이 다양한 단어들을 뒤적거렸고 (자, 도로시 파커의 이름을 외쳐보죠) 결국에는 '쉽고 가볍게'라는 단어를 골랐다.

여러분이 직장에서 해야만 하는 가장 어려운 일을 쉽고 가벼운 일이라고 상상해보자. 임원진을 위해 준비하는 연말 보고서가 두려운 대신 쉽고 가볍게 느껴진다면? 판매 회의에서 예산안을 발표하는 일이 쉽고 가볍다면? 체중계에 오르는 일이 쉽고 가볍다면? 고등학생 자녀 때문에 담임 선생님과 상담하는 일이 쉽고 가볍다면? 인생에서 버거운 일을 아무거나 고른 후, 그로 인해 느끼는 좌절감을 떨쳐버리고 이를 '쉽고 가볍다'라고 말하는 사운드트랙으로 교체한다면 어떨지 생각해보자.

나는 이 두 단어를 포스트잇에 써서 책상에 앉아 매일 바라보는 창문에 붙였다. 이때부터 글 쓰는 과정은 쉽고 가벼워졌다. 그 두 단어는 내가 귀 기울이게 될 새로운 사운드트랙이었다. 더는 '책 쓰러 탄광에나 가야겠어' 같은 말은 듣지 않으리. (어쨌든 광부들은 작가들 얼굴을 주먹으로 한 대 때려줘야 한다. 우리는 걸핏하면 훌륭한 형용사를 골라내는 어려움을 석탄을 캐기 위해 지구의 핵까지 오가는 일에 비교하곤 하니까 말이다) 더는 교수대로 끌려가는 죄수인 양 무거운 발걸음으로 책상까지 가지 않으리. 더는 '난 이 과정이 싫어'라고 말하지 않으리.

그러나 이후에도 내 넘쳐나는 생각은 목소리를 높여 떠들어댔고, 나는 새로운 사운드트랙을 계속 만들었다. '나는 이 책을 쓰는 게 좋아!'라고 써서 벽 위에 걸어두었다. 이 글귀는 내가 글을 쓰려고 책상에 앉을 때마다 좌절감을 느끼는 첫 삼십 분을 견뎌낼 수 있게 도와줬다. 나는 글을 쓰는 과정 중간에 접어들면 일을 즐기지만, 처음에는 그 사실을 떠올리지 못했다. 또한 나는 '글을 쓰려고 자리에 앉았으면 책 한 권을 다 끝낼 수 있어야 해'라고 말하는 엉터리 사운드트랙과 싸우기 위해 '세 장이면 충분하다'라는 말도 써 놨다. 한자리에 앉아서 책 한 권을 완성하는 건 불가능하다는 걸 알면서도, 매번 글을 쓸 때마다 실패감을 느꼈기 때문이다. 불친절한 사운드트랙이었다.

'세 장이면 충분하다'라는 말은 훨씬 더 친절한 방식이었고, 앞서 말한 '잔돈을 모아보자'라는 사운드트랙 덕에 보통은 네 장까지 써냈다.

몇 달 동안 나는 책을 완성하기 위해 새로운 사운드트랙을 계속 만들고, 그 사운드트랙을 새로운 행동으로 연결했는데 효과가 좋았다. 책을 쓴다거나, 하프마라톤을 한다거나, 치즈를 물컹한 채소라고 생각하며 매일 밤 먹지 않는다거나 하는 커다란 목표가 생겼을 때 특별한 행동으로 목표를 반드시 달성하고자 했다. 특별한 행동에 '압도적인 행동'이라고 이름 붙인 후, 이를 통해 목표 달성에 가속도를 올렸다. 단순히 책 쓰는 일이 쉽고 가볍게 느껴지기를 바라는 것이 아니었다. 나는 창의력과 집중력 자체를 높이고 싶었다. 자, 여기서 나이키 이야기를 해보겠다.

나이키의 디자이너들은 달리기 선수들이 2시간이라는 마라톤 기록의 벽을 깰 수 있도록 돕기 위해 몇 년을 투자해 왔다. 이 기록은 육상종목에 남은 중요한 목표 가운데 하나였다. 나이키는 자기 선수들이 최고의 방법으로 기록에 도전해보도록 '나이키 베이퍼플라이 4% 플라이니트'라는 이름의 새로운 신발을 만들어냈다(이름에 붙은 4%는 여러분이 4% 더 빠르게 달리도록 도와준다는 의미이다). 이 신발의 밑창은 전체가 탄소섬유판Carbon fiber plate으로 만들어져, 추진력이 더해질 수 있는 모양으로 각이 잡혀 있다.

'나이키 베이퍼플라이 4% 플라이니트'는 놀라울 정도로 가볍고, 아주 폭신하다. 더할 나위 없이 희한하기도 하다. 영화 〈트론〉에 요정이 나온다면 그 요정이 신을 법하게 생겼다. 심지어 운동화 뒤축은 키블러* 나무에서 요정이 맛있는 퍼지 쿠키를 만들 때 사용할 만한 날카로운 모양을 하고 있다.

어느 날 나는 다른 신발을 사러 갔다가 이 신발을 발견하고 집어 들었다. 내가 본 것 중 가장 가벼운 신발이었다. 한 번 신어보았는데 쉽게 달릴 수 있을 것처럼 느껴졌다.

나는 지금 이 글을 쓰면서 그 신발을 신고 있다. 신발을 산 이유는 가끔 사운드트랙을 새로운 것으로 교체하기 위해서 약간의 도움이 필요하기 때문이다. 신발은 내 책상 옆 상자에 들어 있다. 나는 책 쓰는 작업에 돌입할 때면 다른 신발을 벗어두고 편하고 가벼운 이 글쓰기용 신발로 갈아 신는다.

이 신발을 살 때 신발가게 판매원에게 내 직업이 무엇인지, 신발을 어떤 용도로 사는 것인지에 대해 말했다. 내가 동네를 돌아다니며 알게 된 바에 따르면 그 판매원은 달리기에 진심인 사람이었는데, 나를 마치 미친 사람처럼 쳐다봤다. '이 생각은 혼자 간직하는 게 낫겠어. 온 세상 사람들이 다 볼 수 있는 책에 쓰게 될 때까지 그래야지.' 사람들은 르브론 제임스 같은 운동선수가 경기 전에 의식을 가지는 것에 대해서는 눈 하나 깜짝하지 않으면서도, 내가 사무실에서 형광 초록색의 탄소섬유 신

---

* 키블러keebler는 페레로 사의 과자 브랜드로, 마스코트인 어니 키블러는 나무에서 퍼지 쿠키를 만드는 요정이다.

발을 신는 건 어이없어한다.

꼬박 일 년 동안, 밖에서 그 신발을 신어본 적은 단 한 번도 없다. 오직 두 시간, 또는 세 시간 정도 글을 쓸 때만 신었다. 커피숍에서 책 작업을 할 때는 이 신발을 들고 가지 않았다. 작은 동네에서는 그런 사소한 것으로도 별명을 얻게 되는 법이니까.

여하튼 이 방법은 효과가 있었다. 이를 점화 효과라고 불러도 좋고, 플라세보 효과라고 불러도 좋으며, 바보 같다고 불러도 좋다. 나는 효과를 보았으니 상관없다. 낡아빠진 파자마 바지에 몸을 꿰면 오늘 하루가 잘 끝났다고 느껴지듯, 이 신발을 신을 때면 나는 움직일 시간임을 알았다. 밝은 초록색에 탱탱한 이 신발은 이제 작업에 돌입할 때이며 전체적인 과정은 가볍고 쉬울 것이라고 인지하게 하는 물리적 계기였다.

이 책을 잘 마무리한 보상으로 나는 그 신발을 신고 하프마라톤을 뛸 생각이다. 어떤 친구는 하프마라톤을 뛰는 것은 오히려 벌에 가까운 끔찍한 보상이라고 지적했지만, 걔가 뭘 알겠는가?

인간관계에서의 사운드트랙

고등학교의 조별 과제는 이 세상이 게으름뱅이들로 가득 차 있음을 깨닫게 되는 훌륭한 계기다. 나는 부모로서의 조언에 서툰 탓에, 조별 과제를 질색하는 내 아이들에게 항상 그렇게 말했다. 가끔 아이들은 "빨리 고등학교를 졸업해서 제 몫도 제대로 못 하는 애들하고 같이 일할 필요가 없어졌으면 좋겠어요"라고 말한다. 그럴 때면 나는 그저 속으로 가장 유쾌한 웃음을 터트린다.

여러분은 종종 쉽지 않은 사람들과 일할 것이다. 심지어 지금 당장 여러분이 앉아 있는 자리에서도 몇 사람 보일지 모른다. 회사에서 자리에 앉아 손톱을 깎는 사람이 있는가? 그런 사람이 세상천지에 있는 것이다!

어느 지점에서 이기고 싶은지 그저 달력만 보면서 허우적거릴 게 아니라, 좀 더 구체적으로 들어가 보자. 이 지구에 득시글거리는 존재, 즉 사람을 가지고 시작해보는 것이다. 향후 일주일 내에 벌어질 사람과의 문제 중 어느 부분에서 이기고 싶은가? 이러한 질문을 던져봐야 하는 이유는 우리와 연관된 모든 사람에 대한 사운드트랙이 존재하기 때문이다. 그리고 지금 이 순간에도 여러분은 문자를 받는 것만으로 불협화음의 사운드트랙이 재생되는 특정한 사람을 떠올릴 수 있을 것이다. 받은 문자를 읽을 필요도 없이 여러분은 이미 격앙된 반응으로 활활 불타오른다. 그 사람의 이름이 캐런이라고 치자. 흔한 이름이니까.

만약 여러분이 달력을 들여다보다가 목요일에 캐런과 중요한 회의가 있음을 깨달았다고 하자. 캐런에게서 프로젝트 결재를 받아야 하는데, 요란하게 울리는 엉터리 사운드트랙을 들으며 그 자리에 갔다가는 모든 것을 망칠 게 뻔하다. 여기에서 이긴다는 것은? 회의를 잘하고, 빠르게 결재를 받고, 스트레스는 덜 받고, 그 외에도 뭐든지 다 될 수 있다.

여러분이 가장 먼저 듣게 될 사운드트랙은 무엇일까? 아마도 '캐런은 최악이야'일 것이다. 올바른 생각이다. 캐런이 무슨 짓을 하든지 여러분이 과하게 반응하는 경향이 있음을 스스로 알아차렸다는 점에서 기쁘다. 하지만 '캐런은 최악이야'는 사운드트랙이 아니라 진술이다. 우리는 이런 진술만 가지고는 정말로 아무것도 할 수 없다. 여러분의 엉터리 사운드트랙을 교체하기 위해서는 지금 듣고 있는 게 무엇인지 정확히 식별한 뒤에 바꾸는 것이 관건이다.

만약 우리가 커피를 마시다가 여러분이 내게 '캐런은 최악이에요'라고 말한다면 나는 여러분에게 그 이야기의 실마리를 풀어 나가보라고 말할 것이다. 그 말에 숨은 이야기가 무엇인지 말이다. 즉각 떠오를 수도, 아니면 몇 분 걸릴 수도 있지만 결국에 여러분은 다음과 같은 말을 꺼내게 될 것이다. '캐런은 무언가 필요할 때만 연락을 해요' 아니면 '캐런은 그 일을 맡기에는 부족해요' 그것도 아니면 '캐런은 내가 바랐던 자리로 승진을 했어요' 같은. 한 꺼풀만 깊숙이 들어갔을 뿐인데 이미 우리가 적용할 만한 더 나은 사운드트랙을 얻게 된다.

'캐런은 무언가 필요할 때만 연락을 해요.' 그 뒤에 숨은 이야기는 무엇일까? 아마도 진짜 사운드트랙은 여러분이 완수할 수 없는 무언가를 사람들이 부탁해오면 끔찍한 기분이 든다는 것일 수 있다. 여러분은 사람들의 부탁을 거절하며 선을 긋는 것은 이기적이라는 사운드트랙을 믿는다. 그 사운드트랙을 물리칠 수 있다면? 현실 속 모든 회사에는 캐런 같은 사람이 존

여러분의 엉터리 사운드트랙을
교체하기 위해서는
지금 듣고 있는 게
무엇인지
정확히 식별한 뒤에
바꾸는 것이 관건이다.

재하기 때문에 꼭 그럴 수 있어야 한다. '안 된다고 말해서는 안 돼'라는 엉터리 사운드트랙을 물리치고 다음과 같이 새로운 사운드트랙을 써 보자. '나는 경계선을 그을 거야.'

그다음 이야기인 '캐런은 그 일을 맡기에 부족해요'는 어떨까? 사실일 수도 있다. 어쨌든 캐런은 최악이니까. 하지만 실마리를 풀어보자. 몇 단계만 깊숙이 들어가면 다음처럼 말하는 사운드트랙이 존재할 것이다. '캐런은 나보다 능력도 부족하면서 나보다 더 잘나가. 왜냐하면 나보다 용감하거든. 캐런은 그렇게나 자신감 넘치니까 훨씬 적은 경력으로도 훨씬 더 많은 것을 해내는 거야. 내가 두려워하지만 않았더라면 나도 할 수 있었을 텐데.' 뭐라고? 이 캐런이라는 사람은 여러분을 위한 자아 인식의 노다지가 되어가고 있지 않은가! 실마리를 몇 차례 풀어내면 우리는 '캐런은 적절한 학위를 가지고 있지 않아요'에서 '나도 캐런이 요구했던 것처럼 기회를 달라고 요구할 만큼 과감했더라면 좋았을 텐데'로 가버린다. 여기서 만들 수 있는 새로운 사운드트랙은 '나는 회의에서 좀 더 자신감 넘치고 싶어'라든지, 아니면 더욱 광범위한 인생의 사운드트랙으로 '이제는 용감해질 때야'가 될 수도 있겠다.

세 번째 사운드트랙으로 넘어가 보자. '캐런은 내가 바랐던 자리로 승진했어요.' 이 뒤에 숨겨진 이야기는 무엇일까? 이들의 엉터리 사운드트랙은 가끔 '그런 식의 승진은 다시는 없을 거야. 그게 마지막이라고. 나는 발목 잡혔어. 이 직급에서 벗어날 수 없을거야'라고 말하고 있을 것이다. '캐런은 승진했다'와

'이 세상 그 어떤 회사도 나를 승진시켜주지 않을 것이다'라는 두 문장의 연관성은 어떻게 생겨난 것일까? 엉터리 사운드트랙은 정직하게 승부하지 않는다. 이 사운드트랙은 공포의 형태를 띠는데, 공포는 언제나 왜곡된다.

나는 전화회의가 일정표에 올라와 있는 것을 보고, 나름의 캐런 식 상황에 부딪혔다. 하지만 잘 진행되길 바라는 마음에 이 질문을 던졌다. '무엇이 사실인가?' 무엇이 사실이었냐면 내 까다로운 직장동료는 그저 그 프로젝트가 잘 끝나길 바랄 뿐, 내 인생을 복잡하게 만들 생각은 없었다는 점이다. 무엇이 사실이었냐면 우리 모두 상사를 행복하게 만들어주고 싶었다는 점이다. 무엇이 사실이었냐면 우리는 주어진 최종기한에 스트레스를 받고 있었다는 점이다. 이러한 진짜 사운드트랙을 가지고 회의에 들어갔더니, 전체적인 상황은 훨씬 더 좋게 풀렸고 내가 이긴 것처럼 느껴졌다. 고마워요, 캐런.

해야 할 일에 관한 사운드트랙

여러분은 주변 모든 사람에 대한 사운드트랙을 가지고 있는 것처럼, 여러분이 해야 하는 모든 일에 대해서도 사운드트랙을 가지고 있다. 부모로서, 배우자로서, 직원으로서 책임을 다해야 한다는 사운드트랙 말이나. 여러분의 달력을 제자리에 돌려놓고 해야 할 일 목록을 들여다보자. 어느 지점에서 이기고 싶은가?

인생의 어느 지점에서 성공을 거두고 싶은가? 어느 지점에서 더 빠르고, 더 쉽고, 더 나은 결정을 내리고 싶은가? 어느 부분을 개선하고 싶은가? 무엇을 지배하고 싶은가? 무엇을 무너뜨리고 싶은가? 나는 스스로 그 질문을 던질 때면 대답이 항상 확실했다. 매출이었다.

나는 15년 동안 기업마케팅 분야에서만 일했다. 그래서 영업부서는 내가 아는 것이 거의 없는 조직이었다. 그러다가 8년 전에 개인 사업을 시작하면서 무언가를 빠르게 깨닫게 되었다. 내가 이제 직접 영업해야 한다는 사실이었다. 나는 나 자신을, 내 서비스를, 그리고 내 책을 팔아야만 했다. 나는 멋지게 영업하고 싶었고 그렇게 하기 위해서는 몇 가지 사운드트랙을 교체해야만 했다.

나는 판매와 관련된 내 엉터리 사운드트랙에 바로 개입을 시작했다. 첫 번째는 '너무 자주 내 사업을 밀어붙이면 사람들이 화를 낼 거야'였다. 이러한 사운드트랙은 새로이 영업을 시작한 여러분이 저도 모르게 그 분야에 대한 최악의 모습을 떠올렸기 때문에 생겨난다. 영화에 나오는 추잡한 영업사원이나 여러분이 고객으로서 겪었던 엉망진창의 경험 같은 부정적인 사례가 더 기억에 잘 남아 있는 탓이다. 그 기억은 영업 활동을 하는 우리를 변신시킨다. 사람들에게 도움이 되기 위해 무언가를 열정적으로 공유하는 사업가에서, 감당하지도 못할 복잡한 진공청소기를 팔아치우려고 진열장을 잔뜩 꾸민 청소기 영업사원으로 말이다.

하지만 그게 사실일까? 여러분이 사람들에게 사업에 관해 이야기한다면 그들은 화를 낼까? 나는 내게 필요한, 혹은 내가 좋아하는 무언가를 누군가가 사라고 할 때 절대 화내지 않는다. 일례로 나는 아웃도어 용품 전문 매장인 레이에 가는 것을 좋아한다. 야외활동을 할 가능성이 0%일지라도 아웃도어 용품은 좋아한다. 그것이 레이 매장이 부리는 마법이다. 적절한 헤드램프 장치만 소유한다면 깊은 바닷속 동굴도 탐험할 수 있을 것처럼 느끼게 해준다. 그래서 나는 크리스마스에 아내에게 그 램프장치를 선물했고, 아내는 즉각 환불했다. 거기에는 VCR 크기의 벨트 팩 배터리도 달려 있었다. (나는 선물을 하는 데 도사라니까)

나는 레이 매장을 빠져 나오면서 단 한 번도 '여기서 스키점퍼를 팔다니 정말 화가 나! 이 바보 같은 레이는 언제나 자기들이 파는 훌륭한 스키점퍼에 대해 떠들어댄단 말이야!'라고 생각해본 적 없다. 대신 나는 레이가 파는 물건을 사야만 하는 새로운 이유를 떠올리려고 애쓰며 매장에서 나올 뿐이다.

어느 크리스마스에 레고 회사는 우리 집으로 여섯 편의 상품 안내서를 보내왔다. 딱히 새로운 내용은 아니었다. 레고는 그저 그해에 밀어붙였던 똑같은 백 개의 제품들을 이리저리 배치만 바꿔두었을 뿐이었다. 마치 타코벨 영양성분을 상품 안내서로 만들어놓은 버전이라고나 할까. 그런데 나는 전혀 개의치 않고 신나서 제품 하나하나를 들여다보았다. 왜냐고? 나는 레고를 사랑하니까.

나는 영업에서 이기고 싶었고, 따라서 새로운 사운드트랙이

필요하다고 판단했다. 잠시 브레인스토밍을 한 뒤에 이렇게 썼다. '나는 누군가의 레고다.'

효과가 있었을까? 글쎄, 나는 여러분에게 이 책을 팔았고, 그렇다면…

여러분은 어떨까? 이번 주 어느 부분에서 이기고 싶은가?

그 대답은 여러 가지일 수 있다.

- 나는 영업 회의에서 좀 더 자신감 넘치고 싶다.
- 나는 아무런 소득을 거두지 못하더라도 전화 영업을 스무 통은 하고 싶다.
- 나는 바깥이 영하 9도라는 사실에도 불구하고 10마일을 달리고 싶다.
- 나는 그 저녁 파티를 좀 더 즐겁게 즐기고 싶다.

훗날 승리를 거뒀다면 '이번 주에 내 목표를 달성할 수 있도록 용기를 북돋아준 것은 어떤 사운드트랙이었는가?'라고 자신에게 물어보자. 그러면 이렇게 말할 수도 있다.

- 나는 이 제품에 대해 그 누구보다 아는 것이 많다.
- 나는 오늘 스무 명에게 물건을 판 게 아니다. 도움이 된 것이다.
- 나는 달리기를 한 뒤 최고의 기분을 느낄 것이다.
- 나는 친구들과 시간을 보낸 뒤에 그 시간을 절대 후회해본 적이 없다.

승리를 거두었고 여러분을 앞으로 나아가게 하는 사운드트랙도 얻었다면, 이제 이렇게 물어보자. '어떠한 행동을 취해야 할까?'

- 나는 영업 회의에서 우리 제품출시와 관련한 아이디어 한 가지를 조사해볼 것이다.
- 나는 점심 전에 열 통, 점심 후에 열 통의 전화를 할 것이다. 한 번에 다 거는 일은 너무 진 빠지기 때문이다.
- 나는 체육관의 러닝머신에서 뛰는 것도 달리기로 칠 것이다.
- 나는 내가 만나고 싶은 친구가 오기를 기대하며, 배우자에게 그 파티에 누가 오는지 물어볼 것이다.

이러한 연습을 몇 차례 하고 실제로 행동에 옮기다 보면 탄력이 붙는다. 2008년 내게 벌어진 일이 그랬다. 한 행사진행자가 내게 강연해달라고 부탁하는 내용의 메일을 보냈고, 그것을 읽은 뒤 나는 작지만 확실한 승리를 깨달았다. 나는 난생처음 제안받은 강연 무대를 완전히 뒤집어놓고 싶었다.

그래서 새로운 사운드트랙에 귀를 기울이기 시작했다. '나는 대중강연가가 될 수 있을 거라고 생각해.' 나는 약 수십억 가지의 행동을 추가해서 마침내 사운드트랙이 현실이 될 수 있음을 증명했다. 연설문의 초안을 쓰느라 몇 주를 보냈고, 알고 지내던 컨설턴트와 내용을 전부 검토했다. 또한 우리 집 거실에서 친구 제프에게 강연을 해보였다. 제프에게 읽어보라고 연설문을 건네주었다는 의미가 아니다. 실제 강연처럼 해봤다는 의미다. 강연. 전체를. 모두. 다. 제프를 소파에 앉혀 두고 가스난로와 미국 시트콤 〈오피스〉가 나오는 플라스마 TV 사이를 자신 있게 성큼성큼 걸어 다니면서 천 명의 청중이 그곳에 있는 척하는 내 모습을 떠올려보자. 나는 이제 그 당시의 나보다 훨씬 더 훌륭한 연사이지만, 그 강연도 승리처럼 느껴지기에 충분할 만큼 괜찮게 진행되었다.

그때 그 승리는 사운드트랙에 대한 믿음과 다음 강연을 위해 더 많은 행동에 투자하겠다는 의지를 단단하게 했다.

이기기 위해서 뒤집자

이기는 경험은 새로운 사운드트랙이 모습을 드러낼 수 있는 훌륭한 계기이지만, 그럼에도 사운드트랙을 찾아낼 수 없다면 어떻게 될까? 뜬금없이 달력을 꺼내 들고 몇 분 동안 들여다보더니, 여러분이 해야 할 모든 일에 대해 지나치게 골똘히 생각하기 시작한다면 어떻게 될까? 새로운 사운드트랙을 만들어내고자 한 행동이 엉터리 사운드트랙을 키워내는 기반으로 순식간에 바뀌고 말 것이다. 두려워하지 말자. 우리는 단 한 가지만 한다면 새로운 사운드트랙을 잘 만들어낼 수 있다.

그러니까, 엉터리 사운드트랙과 싸우는 대신에 뒤집어버리자.

제6장

싸우지 말자,
뒤집어버리자

언젠가 근무시간 동안 화장실을 가지 못하게 하는 상사와 일한 적 있다. 그 상사는 책상 위에 타이머를 놓아두고 생산성을 분 단위로 따지는 데 하루를 다 썼다. 내가 화장실을 가려고 하면 그는 정지 버튼을 눌러서, 화장실에 가 있는 90초가 내 근무 시간에 합산되지 않도록 했다.

공식적인 회사정책이었던 '선택적 근로시간제'는 내 생활에 가장 잘 맞는 시간대에 일한다는 의미가 되어야 했다. 하지만 실질적으로는 '당신의 밤과 주말까지 몽땅 차지하겠습니다'라는 의미였다. 워커홀릭인 상사 밑에서 일하는 것은 어려운 일이다. 왜냐하면 스스로 게으르다는 느낌이 끊임없이 들기 때문이다. 내 상사는 밤에는 이메일을, 주말에는 문자메시지를 보냈고, 크리스마스에 중요한 프로젝트를 시작하길 좋아했다. 그는 심지어 직원들이 출근 시간을 최대한 활용하고 있는지까지 확인했다. 우리가 운전하는 도중에 들었으면 하는 교육적인 팟캐스트의 목록까지 만들어 주었다. 좀 과격한 비유이긴 하지만, 마치 북한의 국영방송 같았다.

1년 동안 우리는 회사의 수익을 48배 증가시켰다. 지어낸 이 야기처럼 들릴 테니, 다시 한번 말하겠다. 우리는 회사의 수익을 48배만큼 늘렸다. 그 사실을 알게 되었을 때 우리 상사는 뭐라고 말했는지 아는가? '50배만큼 늘었어야 했는데.' 우리는 축하 파티도 하지 못했다. 그 누구도 사무실에서 즐거울 수 없었다. 나는 휴게실에서 축하용 케이크라도 준비할지 물었지만, 상사는 "일론 머스크가 지금 케이크를 먹고 있을 거 같아요?"라고 했다. 그런 수수께끼 같은 말에 어찌 대답을 할 수 있겠는가? 나는 내 책상으로 터덜터덜 돌아와서 다음 프로젝트로 넘어갔다.

더 최악은 내가 회사를 그만둘 수도 없었다는 점이다. 우리 동네는 너무나 작아서, 그 상사는 나를 고용할 유일한 사람이었다. 나는 덫에 걸린 것과 다름없었다. 7년이라는 기나긴 세월 동안 똑같은 사무실로 걸어 들어가, 그 상사가 처음부터 다시 타이머를 눌러주길 기다렸다. 또한 매일매일 내가 무엇을 달성하든 만족할 수 없었다.

그러다 결국 한계점에 도달했다. 추운 2월의 어느 오후, 나는 휴스턴에 출장 갔다가 내슈빌로 막 도착한 참이었다. 스트레스 받는 출장이었다. 커다란 행사에서 강연해야 한다는 압박감도 모자라, 공항으로 가는 길에는 자동차가 고장 나서 주간고속도로Interstate highway 갓길에 멈췄다. 그때 나는 시속 110㎞로 달리는 자동차들이 만들어내는 웅웅 소리를 들으며 지하도로 옆에

서서도 일을 했다. 회사의 시간을 낭비하는 것처럼 보이고 싶지 않았기 때문이다. 갓길에서조차 나는 근무를 하고 있었다는 의미다! 집으로 돌아오는 비행기 안에서도 일했고, 차 안에서는 팟캐스트를 들었다. 게다가 그날의 근무시간이 끝났음에도 몇 가지 남은 일을 처리하러 회사로 돌아가야 했다. 사무실로 들어서면서 나는 이전에도 수천 번 되뇌었던 말을 내뱉었다. "저 사람은 진상이야. 난 그만둬야겠어."

그런데 내 탈출계획에는 단 하나의, 작은 문제가 있었다.

이 이야기에서 나쁜 상사는 바로 나 자신이었다는 점이다.

동전 뒤집듯 생각도 뒤집자

만약 여러분이 진실하고, 유용하고, 친절한 사운드트랙을 듣는다면 1인 기업을 운영하는 것은 굉장히 좋은 경험이 될 수 있다. 진정으로 행복해 보이는 CEO들은 그렇게 말한다. 하지만 내가 에이커프 아이디어스 유한회사의 대표이자 직원으로 첫 7년을 보내는 동안 경험한 바로는 아니었다.

화장실 가는 시간을 감시하기 위해 책상 위에 스톱워치를 올려놓는 사람이 바로 나였다. 나는 한 달에 스물다섯 편의 교육적인 팟캐스트를 들으려고 애쓰는 사람이었다. 커피 한 잔을 가지러 부엌에 갈 때조차 시간을 낭비하지 않기 위해 단 90초만을 허용하는 바로 그 사람이었다. 누구의 시간을 낭비하지 않겠다는 걸까? 내 시간? 회사의 시간? 사실 그 무엇이라도 말이 되지 않는다. 그러나 나는 끔찍한 사운드트랙을 듣는 끔찍한 상사였기에 그런 행동이 가능했다.

'앞서나가야만 해. 다른 사람들은 너보다 훨씬 더 잘하고 있어. 10분 동안 휴식을 취했다가는 추진력을 모두 잃고 말 거야. 훨씬 더 열심히 해야 한다고. 이 모든 게 한순간에 무너질 수도 있어'라는 식의 이야기가 내 귀에 계속 들려왔다. 나는 몇 년 동안 이 나쁜 상사와 씨름하며 이러한 상황에 익숙해졌다. 아내는 내가 처음 회사를 차렸을 때부터 그 점을 지적했지만 무언가 고치기에는 너무 복잡하고 어렵게 느껴졌다.

이러한 상황은 지나치게 넘쳐나는 내 생각을 탐구하기 시작하고 나서야 조금씩 바뀌기 시작했다. 하룻밤 사이 즉각적으로 벌어진 일은 아니었다. 어찌 단번에 그럴 수 있겠는가? 그 끔찍한 직장을 집어치워야만 나쁜 상사를 뒤에 남겨두고 떠날 수 있을 것이다. 하지만 나쁜 상사가 바로 자기 자신일 때는 아예 불가능하다. 나는 어떻게 그 자리를 박차고 나갈 수 있었을까? 어떻게 나 자신을 확 뒤집었을까? 어떻게 집으로 가는 차 안에서 영광의 불빛을 받은 것처럼 깨달음을 얻을 수 있었을까?

좋은 상사가 되는 과정은 그렇게 극적이지 않았다. 일과 관련된 내 사운드트랙을 살펴보기 시작했을 뿐이었다. 수십 개의 다양한 사운드트랙들이 재생되고 있었지만 모두가 비슷한 말을 하고 있었다. '성공할 수 있는 유일한 방법은 자신에게 엄격

해지는 거야. 그게 스스로 나쁜 상사가 되어야 하는 길이더라도 그렇게 해야지.'

나는 내 사업을 시작하기 전에 15년간 여러 회사에서 일하며 좋은 상사와 나쁜 상사를 모두 겪어 봤다. 놀랍겠지만 이런 나도 좋은 상사들과 일하는 것을 더 선호했고, 그들과 일할 때 더 많이 즐겁고 더 많은 일을 해냈다. (말도 안 되지?)

그날 오후 도로 위에서 나는 나 자신에게 간단한 질문을 던졌다. "최고의 상사라면 이 순간 뭐라고 지시할까?" 그 상황에서 최고의 상사라면 "자네는 며칠 동안 집을 떠나 있었어. 이제 5시네. 가족들을 만나러 집으로 가! 이미 온종일 일했다고"라고 말할 것이었다. 대답을 알아내기는 어렵지 않았다. 나는 그저 최악의 상사가 할 법한 행동의 정반대로 상상해봤을 뿐이다. 여러분도 지금 당장 그렇게 할 수 있다. 새로운 사운드트랙을 만들고 싶다면 시끄럽게 떠드는 엉터리 사운드트랙을 하나 골라서 반대로 뒤집어버리자. 이 책에서 확인한 몇몇 사례도 있으니, 그 사운드트랙을 들여다보고 반대되는 음악을 듣는다면 어떤 기분일지 상상해보라. 브레인스토밍이나 꿈을 꿀 필요까지도 없다. 그냥 동전 하나를 떠올리자. 한 면은 사실도 아니고 도움되지도 않으며 불친절한 생각들로 가득 차 있다. 그 동전을 뒤집는다면 다른 면에는 뭐라고 쓰여 있겠는가?

엉터리 사운드트랙이 시끄럽게 목소리를 높일수록, 그 반대쪽은 좀 더 분명해진다. 제5장에서 나는 내 엉터리 사운드트랙

가운데 하나가 '글을 쓰려고 자리에 앉았으면 책 한 권을 다 끝낼 수 있어야 해'라고 말한 바 있다. 책 한 권을 다 끝내는 것을 뒤집으면 무엇이 될까? 글을 몇 페이지만 쓰는 것이다. 그것이 반대다. 그것이 동전의 반대편에 쓰여 있을 말이고, 그렇기에 나는 '세 장이면 충분해'라는 사운드트랙을 만들어냈다. 왜 내가 책 전체를 써야만 한다고 생각했는지를 깊이 파고들어 분석하지 않았다. 자리에 앉아서 엉터리 사운드트랙을 들으며 이를 해결하려고 몇 시간이나 애쓰지 않았다. 나는 그저 머릿속에서 동전을 뒤집어버렸다. 여러분도 할 수 있다.

미주리 출신의 부부인 뎁과 브라이언 메이어는 단어 하나를 뒤집어버림으로써 돈과의 관계가 변했다. "우리는 저축액의 이름을 '비상 자금'에서 '기회 자금'으로 바꿨어요. 그리고 저축의 이유를 다른 맥락에서 생각하기 시작했죠." 그 돈은 더 이상 라면으로 끼니를 때워야 하는 끔찍한 시절에 대비해 모아두는 슬픈 돈이 아니었다.

사우스캐롤라이나주 찰스턴에 사는 마케팅 임원 존 오헌은 사운드트랙을 뒤집음으로써 새로운 제품출시를 앞둔 막연한 두려움을 없앴다. "새로운 일을 앞두고 부정성을 투여하는 것은 최고로 비생산적이에요." 존은 말했다. 자기 직업의 목적을 들여다보면서 그는 사실이 아니고 유용하지 않고 불친절한 사운드트랙을 구분해냈고, 이를 뒤집었다. 그는 내게 이렇게 말했다. "'실패하면 어쩌지?'라는 생각 대신 저는 '대성공을 거두면 어쩌지?' 같은 생각으로 대체했어요."

사우스캐롤라이나주 머틀 비치에서 온 작가 멜리사 바이어스는 몇 가지 사운드트랙을 뒤집어서 운동에 대한 접근법을 바꾸었다. "저는 제대로 된 옷과 장비를 갖추지 않고 하는 운동은 인정할 수 없다는 잘못된 생각을 하고 있었어요." 멜리사는 그 사운드트랙을 물리치고 새로운 사운드트랙으로 교체하고자 했다. 일단 '활동적으로 움직이자'라고 생각했고, 멜리사는 일하러 가기 전 아침 산책을 종종 하게 되었다. "저는 집에서 일해요. 그래서 주로 슬리퍼를 신고 엄마와 통화하면서 동네를 산책하죠." 멜리사는 '갖춰진 형태의 운동만 인정받을 수 있어'를 '모든 움직임은 운동이 될 수 있어'로 뒤집었고, 그러자 전화로 수다를 떨며 산책하는 일도 포함되었다.

나는 이러한 과정이 훨씬 더 복잡하길 바랐다. 그래야 내가 더 긴 책을 쓰고, 책 표지에서 담배 파이프를 물고 포즈를 취하는 근엄한 작가처럼 보일 테니까. 하지만 실상은 정말 간단하다. 엉터리 사운드트랙을 꺼내놓자. '이것의 반대는 뭐지?' 하고 묻자. 그리고 그 답을 써 보자.

⋮⋰ **비판의 반대는 호기심** ⋱⋮

뒤집기는 '비상 자금'을 '기회 자금'으로 바꾸듯 소소한 사운드트랙뿐만 아니라 크고, 시끄럽고, 무서운 사운드트랙에도 효과를 발휘한다. 이를테면 '변화'에 관련해서 그렇다.

엉터리 사운드트랙은 **극단적**으로 **굴기**를 **좋아**한다. '모든 것' '아무것도 아닌' '전혀…하지 않는' '영원히' 같은 극단적 단어는 여러분이 생각과잉에 빠져 있다는 확실한 증거다.

변화는 내가 아는 모든 기업이 공통으로 가지고 있는 유일한 요소다. 코미디 센트럴 방송국은 유튜브 주 사용자인 10대들의 주의를 끌기 위해 TV 프로그램과 어떻게 경쟁해야 하는지를 논의한다. 페덱스에서는 아마존이 자체 배송방식을 개발하고 있다는 점에 대해 논의한다. 닛산은 운전 습관을 바꾸고 있는 밀레니얼 세대에 대해 고민한다.

실제로 모든 면에서 변화는 진행 중이다. 그러나 미국 경제 계에서는 변화라는 말이 두려운 존재로 인식된다. 변화가 촉발하는 모든 엉터리 사운드트랙 때문이다. 대표적인 사운드트랙 으로 '우리는 모든 것을 즉각 변화시켜야 해'가 있다. 또 다른 사운드트랙은 '과거에 우리가 했던 그 무엇도 미래에 도움이 되지 않을 거야'와 '현재의 기술 모두 새로운 업무 방식에 전혀 쓸모가 없을 거야'다. 어떤 사람들은 '일단 새로운 것을 시도하면 영원히 그렇게 해야 해. 그게 뉴노멀이거든'이라는 사운드 트랙을 듣기도 한다. 엉터리 사운드트랙은 극단적으로 굴기를 좋아한다. '모든 것' '아무것도 아닌' '전혀…하지 않는' '영원히' 같은 극단적 단어는 여러분이 생각과잉에 빠져 있다는 확실한 증거다.

여러분이 변화에 대해 엉터리 사운드트랙을 보유하고 있다 는 또 다른 증거는 자동적인 비판이다. 변화나 새로운 업무 방식을 접했을 때 가장 처음 튀어나오는 반응이 이를 비판하거나 공격하는 것이라면 조심하자. 아이디어에 온전히 귀를 기울여도, 트집을 잡거나 상세히 비평하거나 결점을 짚어내는 것을 참을 수 없다면 몇몇 엉터리 사운드트랙이 작동하고 있다는 의미다. 다만 일단 그 노래들을 인지하면 뒤집을 수 있기 때문에 잘된 일이기도 하다.

비판의 반대는 무엇일까? 호기심이다. '여기서는 절대 통하지 않을걸'처럼 묵살하는 말의 반대는 '여기에서 어떻게 통할지 궁금한데?' 같은 질문이다. 그다지 다르게 들리지 않아도 결과는 확실히 다르다.

사람들은 어떤 사람과 함께 일하고 싶어 한다고 생각하는가? 어떤 사람이 새로운 프로젝트에 영입된다고 생각하는가? 어떤 사람이 회사의 미래를 논의하는 회의에 초대된다고 생각하는가? 어떤 사람이 승진할 것으로 생각하는가?

사려 깊은 질문을 하는 동료일까, 아니면 새로운 아이디어가 빛을 보기도 전에 접어버리는 동료일까? 비판하고 되풀이할 시간은 나중에도 아주 많다. 가치 있는 비판적 사고로부터 여러분과 여러분의 팀이 이득을 얻을 상황도 많겠지만, 지금 이 자리에서 우리가 논하는 것은 그런 상황이 아니다.

우리는 새로운 아이디어에 대한 여러분의 첫 반응에 초점을 맞추고 있다. 우리가 '변화는 두려워'라는 사운드트랙을 '호기심은 비판을 이기지'로 교체한다면 어떨까? 이 글귀를 써놓고 새로운 아이디어가 논의되는 회의에 초대받을 때마다 이를 읽어본다면 어떨까? 나는 여러분이 내가 제레미 코워트에게 했던 것보다 변화를 훨씬 더 잘 다룰 수 있으리라고 생각한다.

◈ 성공 가능성을 높이는 긍정적 예측 ◈

제레미 코워트는 세계적으로 유명한 사진작가다. 과장이 아니다. 《허핑턴 포스트》, 《포브스》, 《야후》는 인터넷에서 가장 영향력 있는 사진작가로 그를 꼽았다. 그리고 그는 테일러 스위프트 같은 연예인의 인물사진을 찍는 것부터 르완다 내전을 일으킨 부족들이 화해하는 순간을 담는가 하면, UN 공식발표 사진을 찍는 등의 모든 일을 해냈다.

어느 날 밤, 우리는 세계인재회의(WDS)에서 강연하기 위해 오리건주 포틀랜드로 비행기를 타고 날아가던 중이었다. 제레미는 내게 다음과 같은 거창한 아이디어를 이야기했다.

몇 년 동안 제레미는 비밀리에 새로운 호텔에 관한 꿈을 키워왔다. 퍼포스 호텔이라고 명명한 그 공간은 어려움에 처한 사람들을 돕기 위해 설계되었다. 로비에는 자선 우물이 설치되고, 각 방의 숙박료는 배고픈 아기들에게 후원되며, 욕실에 놓인 비누조차 지속가능성과 연결될 것이었다. 그는 몇 분 동안 그 호텔에 관해 신나게 떠들더니, 상대방의 반응을 기다릴 때으레 그러듯 잠시 말을 멈췄다.

내 표정은 '내가 들은 이야기 가운데 가장 바보 같은 소리군'이라고 말하고 있었고, 내 입에서는 "잘 모르겠어요… 가능할 거라고 생각해요?"라는 말이 흘러나왔다. 그 당시 제레미는 좌절했고, 몇 년 후 내게 이렇게 말했다. "나는 당신이 흥미를 느끼거나 내 아이디어를 지지해줄 거라고 생각했어요. 그 대화는 정말로 실망적이었죠." 그 아이디어는 나와 상관조차 없는데, 나는 왜 그렇게 반응했을까? 그 새로운 호텔 때문에 내가 귀찮은 일을 하게 될까 봐 비판하려던 것도 아니었다. 심지어 나는 '여러분의 본업과 꿈꾸던 일 사이의 차이를 좁혀라'라는 부제가 붙은 책도 냈는데 말이다. 언젠가 '꿈은 위험해. 희망을 너무 높이 잡지 마'라고 말하는 엉터리 사운드트랙을 주워들은 모양이었다.

제레미에게 나처럼 반응하지 않은 사람도 있었다. 리츠칼튼의 공동창업자인 호스트 슐츠였다. 호스트는 제레미가 아이디어를 발전시키도록 돕고 있다. 나의 말이 제레미를 얼마나 심하게 좌절시켰는지 들은 후, 나는 그 엉터리 사운드트랙을 그만 끝내고 새로운 사운드트랙으로 바꿔야겠다고 판단했다.

끈질긴 사운드트랙이라면 하나 이상의 사운드트랙으로 교체하는 것이 좋다. 나는 이미 '호기심은 비판을 이기지'라는 사운드트랙을 가지고 있었지만, 목록에 추가할 두 번째 사운드트랙이 필요했다.

누군가가 내게 새로운 아이디어를 이야기할 때, 곧장 그 아이디어는 잘 안 될 것 같다고 말했다면 나는 정말로 무슨 짓을 한 것일까? 나는 거만하게 미래를 예언한 것이다. 이는 최악을 준비해야 하고 그 최악의 일이 벌어지지 않아야만 놀라워 할 수 있다고 말하는 사운드트랙과 다름없었다. 언제나 모든 일이 실패할 것이라 예상하다가, 그 일이 실패하지 않았을 때 살짝 놀라기만 한다는 것은 얼마나 암울하게 인생을 살아가는 방식인가.

나는 공책에 새로운 사운드트랙을 썼다. '나는 긍정적인 예측을 한다.' 미래를 예측할 거라면 긍정적인 예측을 선택하는 편이 낫다. 사실 내가 끔찍한 일이 벌어지리라고 예측했던 34만 5천 번이 전부 빗나갔던 것은 아니다. 그러나 나 자신과 다른 사람들의 부정적인 미래를 예측하는 것은 그리 기분 좋지 않았다. 그런 예측을 한 후에 '내가 저 사람을 제대로 좌절시켰길 바라'라고 생각해본 적은 단 한 번도 없다. 그런 마음을 갖는 건 역겹게 느껴지고, 그 예측은 심지어 정확하지도 않았다.

동전을 뒤집듯 반대로 누군가를 격려하면 나는 항상 기분이 더 좋아진다. 상대의 기분이 좋으면 나도 기분이 좋기 때문이다. 그리고 그럴 때 사람들의 아이디어는 성공할 가능성이 더 커진다. 아마도 제레미 코워트는 호텔을 지으리라. 확실히 알 수는 없지만, 제레미가 그 순간 내게 바랐던 건 격려 외에 아무것도 없었을 것이다.

내게는 두 가지 선택권이 있다. 여러분에게 (그리고 나 자신에게) 그냥 한번 해보라고 하거나, 절대로 안 될 것이라고 말하거나. 다만 나중에 현실을 깨닫더라도 바로잡을 시간은 충분히 있기에 처음부터 남의 의욕을 꺾을 필요는 없다. 창의력의 달인으로서 30년 동안 경력을 쌓아온 홀마크의 화가 고든 매켄지는 저서 『헤어볼: 당신의 창의력을 집어삼키는 거대한 머리카락 뭉치』(2012)에서 사운드트랙에 대한 자신의 접근법을 설명했다.

홀마크에서 일한 마지막 3년 동안 고든의 공식 직함은 창의적 역설자Creative Paradox 였다. 고든에게는 실질적으로 정치적 권력이 하나도 없었지만, 사람들은 벽에 부딪혀서 어떤 피드백이 필요할 때면 그의 사무실로 찾아왔다. 고든의 방식은 그 사람들의 아이디어가 훌륭하다고 말하는 것뿐이었다. 나는 여러 강연에서 그의 방식에 대해 언급했다. 그 중 한 번은 어느 관객이 다음과 같이 물으면서 매켄지의 방식에서 허점을 찌르려고 시도했다. "왜 아이디어가 별로일 때도 좋은 생각이라고 그 사람에게 말해주는 거죠?" 내가 전한 고든의 대답은 완벽했다.

"대부분 회사는 아주 재빨리 '아니요'라고 말하는 사람들로 가득해요. 새로 깨어난 아이디어 대부분 날개는커녕 깃털이 날 시간조차 없이 사냥당하죠. 내게 아이디어를 가져오는 모든 사람에게 '그래요'라고 말해줌으로써 나는 단순히 불안감을 어루만지려 했어요. 그리고 그게 효과가 있었죠. 자기 아이디어에 대해 깊은 열정을 가진 사람들은 대단한 격려를 바라는 게 아니에요. '아니요'의 바다에서 단 하나의 '그래요'가 차이를 만들어냅니다."

비판의 반대는 호기심이다. '아니요'라고 말하는 것의 반대는 '그래요'라고 말하는 것이다. 그것이 왜 잘 안 될지 단언하는 것의 반대는 어떻게 가능한지를 발견하는 것이다. 그리고 이렇게 이면을 발견하는 일은 여러분 인생의 어느 분야에서도 할 수 있는 행동이다.

뒤집기는 거짓말이 아니다

티파니 던은 펜실베이니아주 알투나에서 새로운 일을 시작하면서 다시 수학을 다뤄야 한다는 사실에 우울했다. 고등학생 시절까지만 거슬러 올라가더라도 둘은 불안정한 관계였다. "저는 대수나 기하 같은 수학을 하느라 엉엉 울면서 고등학교 시절을 보냈어요." 나는 수학 때문에 울어본 적은 없었지만, 최근에 열일곱 살인 딸의 그래핑 계산기를 집었다가 오싹한 떨림이 온몸을 훑고 지나가긴 했다. 나는 내 아이들이 5학년쯤 되자 수학 숙제를 도와줄 수 있는 능력을 잃고 말았다. 아이들이 매년 학교에서 성장해나갈수록 내가 나눠줄 수 있는 지혜의 울타리는 점점 더 작아졌다.

어른이 되는 기쁨 중 하나는 수학처럼 내가 젬병인 것들을 과거에 남겨두고 떠나올 수 있다는 점이다. 그러나 티파니에게는 해당하지 않는 이야기였다. "고등학교 졸업 후 저는 몇 년이나 제가 수포자(수학을 포기한 자)라는 이야기를 하고 다녔어요." 몇 년 동안이나 그런 생각에 사로잡혀 있다면 좌절감을 느끼게 된다. 하지만 도움을 줄 수 있는 실마리가 되기도 한다. 여러분이 뒤집어야 할 사운드트랙을 찾고 싶다면 자신에게 되풀이해서 들려오는 불친절한 것들에 귀를 기울여보자.

불행히도 수학은 영화 〈할러윈〉 시리즈에 나오는 마이크 마이어스 같은 대상 가운데 하나다. 영원히 사라져버리길 거부하는 것이다. "고등학교를 졸업하고 7년이 지난 뒤, 저는 생계를 위해 회계 일을 하게 되었어요." 수학을 못 하는 사람에게 이런 업무는 진짜 큰일이지만, 티파니에게는 그렇지 않았다. "저는 끝내주게 잘했어요!" 티파니는 이렇게 말했다. 기업의 급여를 처리하는 유형의 수학에는 아주 능했던 것이다. 그렇다고 사운드트랙이 사라진 것은 아니었다. 변화는 저절로 일어나지 않았고, 티파니는 이를 위해 노력했다.

"그 업무에서 '나는 수포자야'라는 말을 멈추기까지 몇 년이 걸렸어요." 티파니는 이렇게 털어났다. 그리고 "저는 정말로 일상의 수학에 강해요. 대수와 기하는 못하지만요"라고도 말했다. 여기에서 핵심은 티파니가 사운드트랙을 뒤집을 때 거짓말을 하지 않았다는 점이다. 티파니가 "나는 대수에 강해"라고 말한 것은 아니었으니까. 새로운 거짓말로 기존의 거짓말을 무찌를 수는 없는 법이다.

티파니 던은 스스로에게 진실만을 이야기했고, 나도 마찬가지다. 나는 2008년 사운드트랙에 대한 도전을 시작하면서 스스로가 세계에서 가장 훌륭한 대중강연가라고 말하지 않았다. 그건 사실이 아니었기 때문이다.

용기가 꺾일 때마다 나는 '나는 대중강연가가 될 수 없어'를 '대중강연가가 될 수 있어'로 뒤집었고, 그 새로운 생각을 사실로 만들기 위해 움직였다. 엉터리 사운드트랙을 교체하는 일은 새로운 노래를 가짜로 꾸며 낸다는 의미가 아니다. 여러분을 새로운 곳으로 데려가 줄 새로운 행동을 만들어내는 새로운 생각을 선택한다는 의미다. 포르투갈에서 내가 그랬던 것처럼.

유럽 최악의 물집

여러분은 책을 읽다가 이쯤 되면, 긍정적 사운드트랙을 골라 듣는 일이 내게 쉬울 거라고 생각할 수도 있다. 나는 긍정의 아이콘이긴 하다. 고난 앞에서 웃음을 터트리며, 그 고난을 문젯 거리라고 부르는 대신 기회라고 부른다! 비가 내리지 않으면 무지개도 뜨지 않는 법이지!

그런데 솔직히 그렇지만은 않다. 내가 해외 출장에서 겪었던 상당히 참혹한 이야기를 가지고 한번 설명해볼까 한다. 언젠가 포르투갈 해변에서 물집이 생긴 적이 있다. 보통 때 같으면 여러분에게 걱정과 기도를 바랐겠지만, 이 물집이 생긴 것은 이미 2년 전의 일이다. 당시에 합병증이 생기는 일도 없이 약 여섯 시간 안에 사라졌다. 내 발은 회복력이 좋은 편이다.

그 일은 카스카이스에 있는 바닷가마을을 통과해 물기슭을 따라 달리고 있을 때 벌어졌다. 이 마을의 이름을 크게 소리 내어 읽어보자. 마치 알록달록한 바다 유리 위로 파도가 밀려오며 만들어내는 소리처럼 들린다. 카스카이스….

여러분이 야외에서 달리고 있는 것처럼 느끼도록 달리기 코스를 보여주는 러닝머신을 사용해본 적 있는가? 그 러닝머신은 여러분이 뉴어크 공항의 라마다 호텔에서 머물고 있다는 사실을 잊게 만들고자, 뉴질랜드 웰링턴의 달리기 코스를 따라 누군가가 달리는 영상을 반복적으로 보여준다. 포르투갈의 둘레길이 딱 그랬다. 호텔 피트니스 센터가 아니라 실제로 그 길

위에 있었다는 사실만 제외하고.

북대서양의 파도는 바닷가로 부드럽게 밀려와 철썩였고, 태양은 밤잠에서 깨어나 따스한 입맞춤을 보냈다. 나는 크리스토퍼 콜럼버스가 아이였을 적 걸었을 법한 길을 따라 아침 달리기를 하며 만灣을 돌고 있었다. 관광객들은 모래사장 옆 믿기 어려울 정도로 푸르른 물속에서 즐거워 보였다. 그런데 나는 달리기를 끝내고 호텔 방으로 돌아왔을 때 그런 모습들에 전혀 감흥을 느끼지 못했다.

"달리기는 어땠어?" 제니는 내가 방으로 들어오자 이렇게 물었다. "물집이 생겼어." 나는 대꾸했다.

휘리릭.

포르투갈의 바닷가, 호사스러운 호텔, 적어도 백여 종류의 정어리를 맛볼 수 있는 기회…. 이 모든 경험은 연필 끝에 달린 지우개만한 내 물집 앞에서 사라져버렸다. 내 부정적인 생각은 이 정도로 강력하다. 나는 엉터리 사운드트랙과 무관한 사람이 아니다. 아마도 여러분의 대장 격일 것이다.

아, 너는 어둠이 네 편이라 생각하겠지만 넌 그저 어둠을 택했을 뿐이야. 나는 어둠 속에서 태어났고 어둠으로 만들어졌지. 나는 어른이 되어서야 처음 빛을 봤는데, 그때쯤 되니 나는 그저 눈이 부셔 아무것도 보이지 않았다네!
— 영화 〈다크 나이트 라이즈〉에서 악당 베인의 대사

나는 물집이 생겼다는 이유로 이베리아반도 전체를 지워버리고야 말았다. 내가 부정적인 성향을 지녔다고 말하는 것은 정말 내 깊은 마음에서 나온 진심이다. 하지만 예상치 못했던 일이 내게 발생했다. 지나치게 많다 못해 넘쳐나는 생각을 무시무시한 문제에서 어마어마한 힘으로 바꿔놓기 위해 조사해나갈수록, 나는 계속 긍정적인 사고와 마주하게 되었다. '아, 안 돼.' 나는 속으로 끙끙거렸다. '나는 그런 긍정적인 말을 할 줄 모르잖아.'

나는 죽는 날까지 내 손에서 부정적인 생각을 놓지 않을 것이다. 하지만 물질적인 관점을 가진 이런 나조차도 더는 부인할 수가 없다. 우리가 원하는 삶을 살 수 있는 새로운 사운드트랙을 만들고자 한다면, 모두가 아주 가까운 미래에 어느 정도 긍정적인 성향을 지니게 될 것이다.

제7장

긍정적인 사고로
재빨리 전환하라

비가 오던 어느 날 빗물이 내 폭스바겐 GTI로 들이닥치기 시작했고, 나는 다른 사람의 차 앞까지 돌진해서 작은 사고를 내고야 말았다. 하늘에 감사하게도 나는 그 순간 아주 중요한 트윗을 올리느라 전화기를 보고 있던 건 아니었다. 만약 그랬더라면 아내 제니가 나를 죽였을지도 모를 일이다. 나는 그저 피자 먹을 생각에 아주 신이 나서 디자노 피자 주차장으로 꺾어 들어가다가 한 대학생이 몰던 차와 부딪혔다. 이 일은 내 인생에서 피자에 대한 열정이 일으킨 대재난 중 하나의 사례다.

결과적으로 운전석 쪽 문과 그 뒷문을 모두 교체해야 했고, 따라서 나는 동네 정비소로 차를 끌고 갔다. 정비소는 몇천 달러를 받고 차를 고쳐줬다. 내슈빌에 장마가 오기 전까지는 별일 없었다. 그러다가 비 오던 어느 날 아침 막내딸이 내 차 뒷자리에 앉아서 자기 발밑에 물이 고였다고 말했다.

"네가 만들어낸 웅덩이 아니니?" 나는 그러길 바라며 물었다. "오늘 발에 땀이 나도록 불안한 건 아니야?" 나는 의사는 아니지만 그런 문제일 수도 있다고 생각했다. 우리 딸은 발에 땀이 많고 쉽게 불안에 떠니까. 부모로서 나를 뭐라고 평가하지 말아주시길. 딸은 그렇게 태어났고 우리는 그런 딸을 사랑한다.

나는 종이 타월 몇 장으로 바닥 매트를 닦아냈고 별일 없기를 기도했지만, 딱히 소용이 없었다. 며칠 후 다시 비가 내리자 또 물이 고인 것이다. 이쯤에서부터 내 엉터리 사운드트랙이 하루를 망쳐놓는다. 나는 그 누수를 고쳐 달라고 정비소에 전화할 수 없다고 생각했다. 왜냐고? 사람들에게 일을 제대로 다시 해달라고 요청하는 것은 적대적인 대립이 될 테고, 그러한 대립은 어떤 대가를 치르더라도 피해야 하기 때문이다.

이런 생각은 어디서 나왔을까? 엉터리 사운드트랙에서다. 여러분 역시 그런 소리에 익숙할 수도 있다. 가끔 주문한 음식이 무언가 잘못되어도 '웨이터에게 성가시게 굴고 싶지는 않으니까 그냥 먹어야겠어. 괜찮아'라는 가사가 들려온 적이 있지 않은가?

이 사운드트랙도 그다지 도움이 되지는 않지만, 내가 발견한 다른 사운드트랙에 비할 바는 못 된다. 내 사운드트랙은 '모든 사람이 네게 바가지를 씌우려 해'라고 말했다. 내가 얼마나 자주 그 사운드트랙을 듣는지 알면, 여러분은 내가 어렸을 때 어느 대형은행에 우리 가족의 농장을 빼앗긴 경험이 있다고 생각할 수도 있겠다.

이제 정비소에 전화를 건다는 생각만으로도 그 두 가지 사운드트랙이 휘몰아친다. 1번, 이것은 적대적인 대립이다. 2번, 그 정비소 사람들은 나를 이용하고 있다. 이 부정적인 음악 탓에 나는 하루나 이틀도 아닌 6주 정도 전화를 미뤘다. 좋아, 더 웃긴 이야기가 있는데 내 입으로 하는 게 낫겠다. 우연의 일치로, 내가 그 정비소에 전화하는 것을 피했던 6주는 고인 물에서 곰팡이가 자라나는 데 걸리는 시간과 정확히 똑같았다. 아마 이 말을 들은 여러분은 지금쯤 제니보다 더 크게 웃고 있을 거다.

나는 전화를 피하던 그 6주 동안 게으름을 피운 건 아니다. 넘쳐나는 생각들과 레슬링을 하고, 피할 수 없는 일들을 미루려고 애쓰느라 바빴다. 자동차 바닥에 비치타월을 깔아 물을 흡수시켰고, 나중에는 물을 흠뻑 머금어서 무게가 3*kg* 정도가 되어버린 내 비치타월과 함께 조수석에 제습제 한 박스를 실었다. 매일 밤 트렁크를 열어놓고 세상에서 가장 무거운 제습기를 내 차에 쑤셔 넣으면서 마치 완전히 평범한 일을 하는 것처럼 굴었다. 냄새가 나기 시작하지 않았다면, 나는 영원히 그렇게 다녔을지도 모른다.

"이 지독한 냄새는 뭐지?" 제니가 물었다.

"아무 냄새도 안 나는데." 나는 넘쳐나는 생각이 담긴 새빨간 거짓말을 내뱉었다.

"근처에 썩은 늪이 있는 것 같은 냄새야." 제니가 말했다.

"무슨 소리 하는지를 모르겠네." 나는 입으로 크게 공기를 들이마신 뒤 이렇게 대답했다.

이처럼 곰팡이와 생각과잉 사이에서 갈등이 벌어졌지만, 결국에는 스타키보트리스Stachybotrys가 이겼다. 스타키보트리스는 검은 곰팡이의 과학적 명칭이다. 누군가와 6주 동안 함께 어울리면 그 상대에 대해 잘 알게 되는 법이다.

나는 마침내 이를 악물고 최악의 상황을 예상하며 정비소에 전화했다. 무슨 일이 벌어졌을까? 그 통화는 내 인생에서 꼽을 수 있는 가장 쉬운 대화 가운데 하나였다. 주인은 충격을 받고 극도로 미안해하면서 추가 비용 없이 당장 차를 고쳐주겠다고 말했다.

이 책을 써나갈수록 엉터리 사운드트랙이 내 시간과 창의력과 생산성을 훔쳐 가버린 사례를 더 많이 발견하게 된다. 심지어 이번 경우에는 숨 쉬는 능력까지 훔쳐 갔다. 지나치게 많은 내 생각들아, 이번엔 너무 심했어.

생각과잉은 공정하게 경기에 임하지 않았고, 나는 경기 방법을 바꾸기로 결심했다. 이길 수 있는 방법을 알아보기 위해 사운드트랙의 힘을 좀 더 깊숙이 파고들 필요가 있었다. 이 과정은 내가 한 번도 생각해 보지 않은 곳으로 나를 데려가 주었다. 바로 긍정적 확언이었다.

⠿ 지그 지글러의 긍정적 확언 ⠿

세스 고딘은 《뉴욕타임스》 베스트셀러에 오른 열여덟 권의 작가이자, 《비즈니스 위크》가 재계에서 가장 영향력 있는 사상가 가운데 한 명으로 꼽은 마케팅학자이다. 내가 경력을 쌓아가며 가장 긴밀히 따르는 롤모델이기도 하다. 그는 오늘날 SNS의 물을 흐리는 잡다한 동기부여 썰이나 푸는 사람이 아니다.

어느 날 아침 〈더 모멘트〉라는 팟캐스트를 듣다가 나는 세스가 첫 책을 출판하고자 했을 때 어떤 식으로 800번 거절당했는지 알게 되었다. 꼬박 일 년 동안 모든 문이 세스의 면전에서 닫혔다. 이런 일을 겪은 사람이라면 누구든 바로 나가떨어질 수밖에 없을 것이다.

팟캐스트 진행자 브라이언 코펠만은 세스에게 계속 도전하면서 자기 자신에게 어떤 말을 했는지 물었고, 세스의 대답은 나를 놀라게 했다. "저는 자기 자신과 대화한 게 아니라 지그 지글러와 대화했어요. 지그는 내게 매일 세 시간 동안 말을 했습니다. 하루에 세 시간씩, 삼 년 동안이요. 저는 이 사람의 말에 귀를 기울였어요. 그의 연설이 담긴 카세트테이프는 고작 72시간 분량이었고, 저는 그 말을 외워버렸죠. 제가 원하는 말이 무엇인지 몰랐기 때문에 그저 지그의 말로 머릿속을 꽉 채웠어요."

마치 그것만으로는 충분히 입증할 수 없다는 듯 세스는 다음처럼 단언하기까지 했다. "제가 도전을 그만두고 은행원으로 취직하지 않도록 막아준 것은 오직 지그가 만든 카세트테이프뿐이었어요."

여러분의 롤모델이 자신의 롤모델에 대해 언급할 때면 우리는 귀를 쫑긋 세우게 된다. 지그 지글러를 잘 모르겠는가? 지그는 미국에서 자기계발과 동기부여의 대가이다. 지그의 책은 수백만 권 팔려나갔고, 그중 하나가 베스트셀러인 『정상에서 만

납시다』(1979)다. 지그는 긍정적인 사고가 가진 힘을 전파하고
자 40년 이상 세계를 여행했고, 수천 번이 넘게 청중들과 이야
기하는 자리를 가졌다. 나는 세스가 그토록 열렬한 지그의 팬
이라는 점에 놀랐지만, 그 사실을 머릿속 어딘가에 묻어놓고
다시 일상을 보냈다.

그로부터 몇 주 후, 팀 그랄의 책『꿈을 좇아 달려라Running
Down a Dream』를 읽는데 지글러가 다시 등장했다. 한때《뉴욕타
임스》베스트셀러 순위에 다섯 권을 동시에 올리기도 한 도서
마케팅의 귀재인 그랄은 그 책에서 자신이 30일 동안 하루에
두 번씩 지그의 일일 확언을 들었다고 썼다.

호기심이 발동했다. 나는 지그의 긍정적 확언을 조금 더 깊
이 파고들고자 했고, 온라인에서 관련 내용을 쉽게 찾았다. 계
획도 복잡하지 않았다. 30일 동안 아침에 일어나 가장 먼저, 그
리고 침대에 들기 전 가장 마지막에 거울에 비친 자기 자신을
보며 그 말들을 큰 소리로 읽는 것이었다.

와, 세상에나.

하루에 두 번 거울 앞에 서서 스스로에게 "나는 정직하고, 진
지하고, 열심히 사는 사람이다. 나는 강인하면서도 공정하고
세심하다"같은 말을 하는 일은 미친 것처럼 느껴졌다. 그냥 하
는 김에 드라마〈사인필드〉주인공이 진정하기 위해 외쳤던
"지금으로선 평안을!"이라는 말도 덧붙이는 건 어떨까?

나는 내가 아는 성공한 사람들에게 긍정적인 사고를 믿느냐
고 가볍게 물었다. 이 사람들이 사용한 표현은 조금 달랐지만,

모두가 긍정적인 사고를 위해 조용히 자신과의 대화를 반복한
다고 대답했다.

"매일 아침 저 자신에게 말하는 몇 문장이 있어요."

"저는 온종일 혼자 되뇌는 만트라*가 있어요."

"저는 오후마다 저 자신을 격려해요."

증거가 산처럼 쌓였다. 새로운 사운드트랙을 반복해서 듣는
일은 그걸 머릿속에 박히게 만드는 비결인가? 확신할 수는 없
었지만 생각과잉으로 곰팡이 전쟁을 치른 탓에 기꺼이 뭐라도
해보고 싶었다. 나는 30일 동안 긍정적 확언을 해보기로 결심
했다. 어떤 최악의 결과가 기다리고 있을까?

⠿ 나와 지그와 거울 ⠿

온라인에는 수백만 가지의 다양한 긍정적 확언이 존재한다.
나는 작가답게 나만의 확언을 만들 수도 있었지만, 첫 번째 실
험에서는 지그의 확언을 사용했다. 지그의 확언이 세스 고딘과
다른 수백만 명의 사람들에게 잘 맞았다면 내게도 통하리라.

나는 지그의 확언을 출력했고, 아침에 일어나자마자 처음으
로, 침대에 들어가기 전에 마지막으로 읽기 위해 손님용 욕실
세면대에 붙여 놨다. 그 장소를 선택한 이유는 내가 확언을 읽

---

* 불교나 힌두교에서 기도 또는 명상 때 외우는 주문 또는 주술이다.

기도 전에 "나는 우리가 같이 쓰는 욕실에서 당신이 그 짓을 안 했으면 좋겠어"라고 말한 제니 때문이었다. 긍정적인 사운드트랙으로 스스로에게 점화 효과를 주는 일이 과학적으로 증명되었음에도, 아내는 이를 닦는 동안 내가 거울을 보며 긍정적 확언을 낭송하는 소리를 들으면서는 잘 지낼 수 없을 거라고 판단한 것이다. 나는 이해했다.

낭송 과정에서 가장 먼저 깨달은 것은 나는 나 자신에게 하는 말의 85%를 믿지 않는다는 사실이었다. 예를 들어, 문장 중 하나가 "나는 내 외모를 자랑스러워한다"였다. 그건 사실이 아니다. 나는 사인필드처럼 벨벳으로 온몸을 휘감은 것도 아니고 자주 옷을 차려입지도 않는다. 오히려 나는 일주일에 세 번은 파란색 스노버드 스키셔츠를 입는 사람이다. 심지어 나는 깃 달린 셔츠를 입고 벨트만 차도 친구들이 즉각 "와, 오늘 무슨 일이야? 장례식장에 가는 길이었어?"라고 묻는 사람이다. 그런 모습을 거울로 비춰보며 큰 소리로 그 문장을 말하는 건 쉽지 않았다.

처음 며칠간 목록에 쓰인 긍정적 확언을 하나둘 외칠수록, 그 내용 가운데 대부분이 지금으로서는 사실이 아님을 깨달을 것이다. 이런 일은 여러분이 새로운 사운드트랙을 반복하기 시작할 때 흔히 겪는 일이다. 자기가 거짓말쟁이처럼 느껴지고, 스스로에 대해 사실이 아닌 일을 이야기한다는 게 아직은 이상할 것이다. 재미있는 점은 생각이 넘쳐나는 사람이라면 이미 비슷한 일을 몇 년 동안이나 해왔다는 것이다. 그 말을 겉으로 하지 않아서 크게 신경 쓰지 않았을 뿐이다. '모든 사람이 나를 이용하려 들어'라는 건 '난 내 외모를 자랑스러워해'만큼이나 완전히 큰 거짓말이지 않은가? 단 한 번도 입 밖으로 내지 않았지만 천 번은 더 재생되었을 것이다. 내 생각인 척하며 숨어 있는 사운드트랙인 셈이다.

긍정적 확언을 읽어보는 일은 다음과 같이 중요한 질문을 다룰 수 있도록 용기를 북돋아 주었다. 부정적인 사운드트랙을 속으로 반복하기는 그토록 쉬운데, 왜 긍정적인 사운드트랙을 소리 내어 반복하는 것은 그토록 어려운가?

아마도 그 답을 찾기 위해서는 제1장까지 다시 거슬러 올라가야 할 수도 있다. 뇌가 얼간이라서 그럴 수도 있고, 어쩌면 확증 편향 탓인 것도 같다. 아니면 그냥 당연하고 오래된 공포일 수도 있다. 나는 몇 년 동안이나 경험한 부정적 사운드트랙은 쉽게 믿을 수 있었지만, 새로운 사운드트랙을 믿는 것은 어려웠다.

나는 선택해야 했다. 이 새로운 것들을 진정한 나라고 믿기를 원하는가, 아니면 똑같은 엉터리 사운드트랙을 계속 듣길 원하는가? 나는 끈질긴, 긍정적인, 충실한, 절도 있는 같은 단어로 나를 설명할 수 있기를 바랐다.

마법 같은 일이 즉각 일어나지는 않았다. 사운드트랙을 반복 재생하며 발전하는 과정은 내가 크게 주목하지 않는 느리게 타들어 가는 불꽃 쪽에 좀 더 가까웠다.

비행기를 타고 가던 어느 날이었다. 승무원이 음료수를 나눠 줬고 나는 다이어트 콜라를 내 것으로 생각해서 집어 들었다. 그런데 알고 보니 창가에 앉은 여성도 다이어트 콜라를 주문했던 것이었다. "아, 다이어트 콜라 주문하셨어요? 죄송해요. 이거 받으세요"라며 그 여성에게 잔을 건넸다.

나는 이 의미 없는 상호작용에 대해서도 지나치게 골똘히 생각했다. '타고난 식탐 때문에 저 콜라 잔을 덥석 집었네. 난 정말 식탐이 지나쳐. 나만큼 탐욕스러운 인간은 없을 거야'라는 엉터리 사운드트랙을 듣고 싶은 유혹을 느꼈다. 금방이라도 욕심 사납게 굴던 과거 경험들이 머릿속에 펼쳐지면서 그 소리에 귀 기울이게 될 것 같았다. 그런데 예상과 달리 지그가 만들어준 사운드트랙이 점차 목소리를 높여 왔다. '나는 너그러운 사람이야. 나는 너그러움을 좋아해. 나는 그저 작은 실수를 저질렀을 뿐이야. 별일 아니야.'

나는 이 목소리가 자동으로 시작되었다는 사실을 깨닫고 놀랐다. 잠깐 멈춰서 '존, 이제 네 긍정적인 사운드트랙을 기억해봐. 거울에, 네 마음속 거울에 집중해'라고 말할 필요도 없었다. 그냥 자연스럽게 이뤄졌다. 마치 이미 사운드트랙을 트는 데 이골이 난 뇌가 그냥 선반에서 가장 최근의 것으로 골라 튼 것 같았다.

희한한 점은 '나는 너그러운 사람이야'는 내가 매일 암송하던 말도 아니었다는 것이다. 다만 이 말은 내가 진심으로 되고 싶은 사람을 묘사하는 그런 류의 말로 느껴졌다. 나는 정확한 표현은 중요하지 않다는 것을 깨닫기 시작했다. 행동이 중요했다. 반복이 중요했다.

심지어는 완벽할 필요도 없었다. 나는 30일 동안 5번을 빼먹었지만 그래도 성공적이었다. 아침에 침대에서 일어나 말하는 것을 몇 번 까먹었어도, 일어나자마자 한 게 아니라 9시쯤 했어도 효과가 있었다. 내가 듣던 엉터리 사운드트랙이 아예 사라진 것은 아니지만, 새로운 사운드트랙도 재생되기 시작한 것이다. 스트레스받는 상황에서 나는 스스로 '나는 대담하고, 권위 있고, 자신감 있지만 겸손한 사람이야'라고 생각한다는 것을 깨달았다.

　이러한 실천이 왜 효과가 있는지 그 사례들을 계속 찾아 나섰다. 그중 하나가 크리스토퍼 차브리스와 대니얼 사이먼스가 쓴 『보이지 않는 고릴라』였다. 이 책에서는 영상의학과 의사들이 엑스레이 사진을 확인하는 과정에서 혈관에 남겨진 가이드와이어 같은 명백한 것들을 왜 놓치는지 자세히 설명했다. "사람들은 영상의학과 의사들이 사진 속에서 평소와 다른 부분을 무엇이든 알아챌 것이라 기대해요. 하지만 그 의사들은 다른 사람들과 마찬가지로 사진 속에서 찾으려는 것만 잘 찾아내는 경향이 있어요." 여러분이 영상의학과 의사에게 폐색전을 찾아야 한다고 말하면 이들은 그것을 찾는 데 집중하느라, 그곳에 있어서는 안 되는 가이드와이어를 뻔히 보고도 완전히 놓치기 십상인 것이다.

　그 문제의 해결책은 다음과 같다. "영상의학과 의사에게 흉부 엑스레이에서 가이드와이어를 찾으라고 하는 겁니다. 그러면 의사들은 그 물체가 있으리라 예상하고 반드시 찾아낼 것입니다." 내가 하는 지그 실험과 비슷한 느낌이었다. 단순히 나 자신에게 긍정적인 것들을 찾아보라고 말했을 뿐인데 찾기가 훨씬 더 쉬워졌다.

문제에 '반응'하기 vs '대응'하기

10년 전 나는 지그와 지그의 아내 진, 그리고 그들의 아들 톰과 함께 점심을 먹을 기회가 있었다. 비록 짧은 시간이었지만, 지그는 오늘날까지도 내 인생에 적용할 수 있는 많은 것들을 가르쳐주었다. 나는 긍정적 확언을 실험해보면서 왜 이게 효과가 있는지 알고 싶은 호기심이 생겼다. 2012년 지그가 세상을 떠나고, 나는 아들 톰과 기나긴 통화를 나눴다. 톰은 단순한 실천이 가진 잠재력을 나와 논의할 수 있음에 기뻐했다.

지그는 자기와의 대화 카드에 긍정적 확언을 써두었는데, 톰은 아버지가 그 카드를 관객들을 만나는 무대에 오르기 훨씬 전부터 사용해왔다고 말했다. 또한 지그는 집안에서도 그 카드를 사용했다. 톰은 한 일화를 전해주었다. "저는 열여섯 살에 애슬릿 풋 신발가게에 지원했어요. 면접에 가기 전, 아버지에게 그 매장이 저를 고용하지 않을 이유에는 뭐가 있을지 물었어요. 저는 고작 열여섯이고, 일을 해본 적이 없고, 뭐 그런 이야기요. 아버지는 저를 바라보시다가 '잠깐만. 너는 열심히 노력하고, 예의 바르고, 정직하며, 개성 있고 성실한 16년을 살았잖니'라고 말씀하셨어요."

그저 형용사를 늘어놓은 것처럼 들릴 수도 있지만, 그보다 훨씬 더 큰 의미가 있었다. "아버지는 확언의 목록을 그저 쭉 읽어주셨어요. 그리고 '그 사람들이 왜 네가 그 일에 적합한지 묻는다면 그렇게 대답하면 된단다'라고 말하셨죠. 물론 저는 마침내 그 일자리를 얻었어요."

열여섯 살의 아들이 엉터리 사운드트랙을 이야기하자, 지그는 아들이 새로운 사운드트랙을 만들어내도록 도왔다. 하지만 톰이 취직을 못 했더라면? 긍정적 확언의 달인인 지그에게 무언가 부정적인 일이 생겨났다면? 그렇다면 어떻게 대응했을까?

그것이 바로 문제다. 나쁜 일들은 벌어진다. 내게, 여러분에게, 이 세상 보통 사람들에게. 부정적인 일과 부딪혔을 때는 어떻게 집중력을 유지하면서 긍정적인 사운드트랙을 반복할 수 있을까? 나는 톰에게 그 문제를 직접적으로 물었고, 그 질문은 우리 대화의 대부분을 차지하게 되었다.

"아버지는 항상 '네가 인생에서 얼마나 멀리 나아갈 수 있을지 결정하는 것은 네게 벌어진 일이 아니란다. 그걸 어떻게 다스릴 것인가가 중요하지.' 아버지는 부정적인 반응과 긍정적인 대응 간의 차이점에 큰 관심을 가졌어요. 만약 내가 의사에게 가서 처방약을 받았는데, 며칠 후 의사가 전화를 걸어왔다고 합시다. '피부에 무언가 심하게 나고 혀가 부풀어 올랐어요'라고 말한다면 그건 내가 그 약에 반응한 거예요. 그건 부정적이죠. 만약 내가 '열이 내렸어요. 활력이 되돌아왔어요. 기분이 더 좋아요!'라고 말한다면 이는 내가 약에 대응하는 거죠. 그건 긍정적이에요."

'문제에 반응하는 것'과 '문제에 대응하는 것'의 미묘한 차이는 중요하다. 마치 사운드트랙을 뒤집는 사례와 비슷하게 느껴진다. 하지만 정신없이 바쁜 한 주 한 주를 어찌 그렇게 살아갈수 있을까? "내가 어떻게 대응할 것인지 미리 계획을 세워야 해요." 톰이 말했다.

"예를 들어, 여행을 생각해봅시다. 우리가 일 년에 두 번 이상 비행기를 탄다면 비행기가 분명 지연되거나 취소될 수 있다는 걸 알고 있어요. 그런 일이 벌어졌을 때를 대비한 계획과 태도를 이미 정해뒀어야 하죠. 부정적인 태도를 유지한다고 해도 비행기가 빨리 뜰 수는 없잖아요. 그리고 위험한 상태의 비행기가 우리를 태우고 날아가지 않음에 감사하는 것이 실질적으로 우리를 더 위하는 것이기도 해요."

그가 한 모든 말은 일리가 있었지만, 나는 톰에게 실용적인 방법을 알려달라고 계속 졸라댔다. 실용적인 적용으로 들어가다 보면 긍정적인 사고의 접근법 대부분은 무너져 내린다. 이론상으론 그럴듯하지만, 더 큐어The Cure의 '금요일에는 사랑에 빠졌어요Friday, I'm in love'라는 노래 가사처럼 화요일이 되면 산산조각이 나는 것이다. 나는 공허하고 진부한 이야기가 아니라 현실 세계의 해결책을 원했고, 따라서 톰과 함께 '지글러 괴롭히기'를 계속 이어갔다.

"좋아요, 그러니까 지연된 비행기에 대비해서 더 나은 태도를 계획한다는 거군요. 하지만 어떻게 해야 그 순간 하루가 망해버렸다고 말하는 사운드트랙을 정말로 물러나게 할 수 있을까요?" 나는 그에게 물었다.

"아버지는 항상 여행갈 때 가장 중요한 업무를 가지고 다니셨어요. 비행기가 지연되거나 취소되는 상황이 생기면 아버지가 최우선순위로 여기는 일을 할 수 있는 기회로 삼기 위해서였죠." 지그 지글러가 공항터미널 지하 1층 구석에 쭈그리고 있는 모습이 그려지는가? 비행기가 지연되는 동안, 자신이 관심 있는 다른 일을 하면서 생산적인 두 시간을 보내는 모습 말이다.

지연된 비행기는 지그의 하루를 망치지 못했다. 실질적으로는 가장 중요한 프로젝트를 작업할 수 있는 시간을 벌어준 셈이다. 이처럼 지그는 훌륭한 생각을 지녔을 뿐 아니라 긍정적인 사운드트랙을 실제 행동, 즉 일거리를 가지고 다니는 것과 결합했기 때문에 승리를 거둔 것이었다.

이는 일진이 사나우면 다른 사람들 탓인 양 비난하는 사운드트랙을 듣는 것과는 완연히 다른 접근법이다. 교통체증 때문에 하루를 망쳤다고 말하는 것은 별거 아닌 듯 보일지 몰라도, 여러분이 정말로 하는 말은 '나는 내 하루의 좋고 나쁨을 결정하는 걸 교통 상황에 맡겼어'가 된다.

우리는 6년 동안 번잡한 애틀랜타에서 살았는데, 일진이 출퇴근에 따라 결정되었다가는 매일이 엉망진창이었을 것이다. 그리고 번쩍이는 길거리 표지판에는 '피치트리 센터: 10마일 남음. 10억 분 걸림. 존의 월요일: 망함'이라고 쓰였을 것이다. 집에서 나오기 전에 나의 생각을 미리 선택했을 때 내 하루는 훨씬 더 좋았다.

⁑❋ 밝은 면 저편으로 ❋⁑

비행기 문제는 여러분이 미리 대비할 수 있는 종류의 사건이다. 방심한 틈을 타 공격해오는 부정적인 상황에서는 어떨까? 그런 상황에서도 단순히 긍정적인 태도로 밀고 나가는 것이 나을까? 항상 모든 사물의 밝은 면만 바라봐야 하는 것일까?

"아뇨." 톰은 놀랍게도 이렇게 대답했다. "문제를 식별하는 것은 부정적인 일이 아니에요. 사실은 긍정적이죠. 왜냐하면 우리가 해결책을 모색할 수 있는 위치에 있다는 거니까요. 지금 우리에게 생긴 일 때문에 인생이 힘들다면 그 사실을 인정하는 건 부정적이지 않아요. 거기에 붙잡혀 머무르는 게 부정적일 뿐이죠. 우리가 집중해야 할 것은 해결책이에요."

내가 톰과 인터뷰를 한 그 주는 내 사업의 일부 수익이 그 전해와 비교해 70% 하락했다는 사실을 깨달은 주이기도 했다. 나는 수학을 잘하지 못했지만, 그 숫자가 긍정적이지 않다는 건 알았다. 회사 운영을 도와준 사람과의 관계를 지나치게 생각하기 시작했고 정말 좌절해버렸다. 내가 차에 물이 샌다고 정비소에 전화하기 전에 생각했던 것처럼, 그 사람들이 나를 이용해 먹었다는 생각이 들었다. 그렇게 생각하면 생각할수록 내 엉터리 사운드트랙이 커졌다.

'이건 모두 그 사람의 잘못이야. 내 사업을 망치려고 작정했으니까 자기 일을 제대로 하지 않은 거지. 그 사람이 내게 이런 짓을 했다니 믿을 수 없어!' 그러다가 부끄러움의 사운드트랙이 불쑥 끼어들었다. 일단 생각과잉이 시작되면 모든 사운드트랙은 럭비선수들이 공을 빼앗기 위한 대형을 짜듯 켜켜이 쌓이기 마련이다. '이 문제는 그저 빙산의 일각이야. 네 사업은 전체가 다 만신창이가 되었어. 네가 제대로 경영하는 방법을 모르니까 그런 거야. 넌 졸면서 운전을 한 셈이고, 이제는 절대 되돌릴 수 없어.'

앞으로 나아갈수록 더욱 크게 들리는 이런 사운드트랙에 점차 화가 났다. 내 시간과 창의성, 생산성을 해결책 대신 문제점에 집중해서 쏟고 있었다. 문제에 너무 많은 먹잇감을 내놓았고, 그러는 동안 해결책은 굶주리고 있었다. 그렇게 해서는 아무 곳으로도 나아갈 수 없었다. 내가 그 순간 어떻게 했을까? 나는 톰과의 대화가 정말로 생생하게 머릿속에 남겨져 있었기 때문에 사운드트랙을 교체해보기로 결심했다.

쉽지 않았다. 처음에는 자연스럽게 느껴지지도, 편안하게 느껴지지도 않았다. 하지만 음악들이 만들어내는 아수라장에서 벗어날 수 있는 최고의 방법임에는 틀림없었다. 나는 나에게 물었다. '내가 두려움이 아니라 해결점에 최선을 다해 지적인 능력을 몰아준다면 어떻게 될까?' 이 새로운 사운드트랙은 폭풍우 한가운데에 서 있던 내게 쉼표가 되어주었다.

한 번 해보자. 다음번에 여러분이 스트레스받는 상황의 한가운데에 서게 되면 스스로에게 묻자. '나는 문제에 초점을 맞추고 있는가, 해결에 초점을 맞추고 있는가?' 간단하지만 효과적일 것이다.

나는 톰의 뒤를 따라가고 있었지만, 여전히 더 확실히 하고

다음번에 여러분이
스트레스 받는 **상황**의
한 가운데에 서게 되면
스스로에게 묻자.
"나는 문제에 초점을 맞추고 있는가,
해결에 초점을 맞추고 있는가?"

싫었다. 그래서 이렇게 물었다. "이건 우리가 성공할 때까지 스스로 속인다든지 하는 건가요? 당신은 그저 해결책에 지나치게 집중하고 있는 거고요."

"아니에요." 톰이 대답했다. "우리는 성공할 때까지 속이라고 가르치는 게 아니에요. 아버지는 '진실을 미리 말해야 한다'고 말씀하셨어요. 긍정적 확언은 진실이에요. 어떤 사람이 50*kg* 정도 과체중이고 그걸 빼는 게 목표라고 칩시다. 만약 그 사람이 '나는 건강하고 날씬하고 충만한 삶을 살고 있다'라는 긍정적 확언을 말해요. 하지만 분명 그건 사실이 아니고, 뇌도 그걸 알고 있죠. 따라서 인지부조화(여러분의 뇌가 서로 일치하지 않는 여러 가지를 동시에 믿으려고 애쓸 때 생겨나는 스트레스)를 일으켜요. 그 말 대신 내 친구 스테인 로소우가 한 말을 써 보죠. '나는 매일 모든 방식으로 더욱더 건강해지고 있다.' 이건 사실이거든요. 이런 말은 우리가 어디로 향하고 있는지에 대한 포부가 됩니다."

나는 긍정적 확언이라는 아이디어의 빈틈을 찔러보려고 애를 썼지만, 톰은 내 모든 질문에 대해 구체적이고 실행 가능한 조언으로 답해주었다. 40년간 한 아이디어를 연구하다 보니 전문지식인이 된 것 같다.

이 대화는 내게 용기를 북돋아 주었고, 확언을 실천하는 것이 내게 왜 도움이 되는지에 대해 더 큰 통찰력을 안겨주었다. 나는 확언이 만들어내는 차이를 깨달았음에도 여전히 커다란 의문 하나가 남았다.

긍정적인 사운드트랙이 여러분에게도 효과가 있을 것인가?

제8장

새로운 찬가를
반복하라

나는 이발 쿠폰을 마흔여덟 장 가지고 있다. 아마도 내가 여러분들보다 마흔여덟 장쯤 더 많이 가지고 있는 것이겠지. 내게 부디 이 모닝에 대한 엄청난 사치를 해명하게 해주길 바란다. 내가 다니는 이발소에서는 이발 쿠폰을 묶어서 판다. 이를테면 머리를 위한 정기구독권 같은 것이다. 나는 보통 한 번에 여섯 장을 사고 돈을 미리 냄으로써 머리 한 번 자르는 데 1달러씩 아낀다.

미리 사둔 이발 쿠폰 중 마지막 장을 사용하던 날이었다. 미용사는 내게 말했다. "이제 쿠폰은 모두 썼고 좀 더 사셔야겠어요. 보통 사던 대로 사시겠어요, 아니면 쿠폰 장수를 늘릴까요?"

"쿠폰 수가 가장 많은 걸로 사면 얼마나 아낄 수 있죠?"

"그 옵션으로 하시면 이발 한 번당 32달러에서 24달러로 가격이 내려가요." 미용사가 대답했다.

"몇 번이나 이용할 수 있는 건가요?"

"마흔여덟 번이요." 미용사가 말했다.

나는 우리 둘 다 그 횟수가 너무 많다는 점에는 동의했다고 생각한다. 미리 마흔여덟 번의 이발 값을 다 내고자 하는 사람은 없을 것이다. "나는 이발소에 지갑을 가지고 다니는 걸 싫어해요. 돈을 먼저 내는 게 낫겠어요. 미안해요. 보고 자란 게 그런 거라"라고 말하는 사람을 한 번도 본 적이 없다. 그런 일은 어리석음 그 자체라고 생각한 나는 여섯 장을 사려고 했다. 그때 미용사가 가볍게 덧붙였다. "크리스라는 친구분은 그냥 마흔여덟 장짜리로 사셨어요."

엥, 잠깐만. 크리스가 그랬다고?

나는 미용사가 무엇을 하고 있는지 눈치챘다. 부드러운 판매 전략이었다. 미용사는 내가 결정을 내리도록 억지 부리지 않았고, 정말로 가벼운 태도를 유지했다. 부담을 주려는 건 아니에요, 존. 하지만 당신의 훌륭한 친구 중 한 명이, 당신이 존경하는 그 친구가 지금 내가 당신에게 팔고 있는 것과 똑같은 걸 샀다는 것 뿐이에요. 심슨 가족과 스프링필드 마을도 이런 식으로 모노레일을 설치했다. 모노레일 건설업자 라일 렌리가 이웃 마을 셸비빌에 모노레일이 하나 생길 것이라고 자극하자, 스프링필드 마을 사람들이 넘어간 것이다. 하지만 심슨 가족은 만화 캐릭터일 뿐, 나는 다르다. 나는 성인이다. 나는 영업용 멘트를 꿰뚫어 볼 수 있다. 다만 그러지 못했을 뿐이지.

미용사의 말을 듣고 내가 다음과 같이 외쳤다는 사실을 깨달았다. "그렇게 합시다. 쿠폰 마흔여덟 장을 사겠소!" 나는 약 4초간 고민한 후 이발소에서 1,000달러를 넘게 써버렸다. 내 생각은 극단적이다. 너무 많이 생각하거나, 너무 적게 생각하거나. 이번에는 어느 쪽이었을까?

집에 도착했을 때 제니는 내가 얼마나 돈을 아꼈는지에 그다지 호응해주지 않았다. 내 이야기가 이발소에 1,000달러를 썼다는 부분까지 이르자, 제니는 안절부절못하는 것처럼 보였다. 내 얘기가 끝나자 매우 계획적인 성향의 아내는 내게 이렇게 물었다. "당신이 얼마나 자주 머리를 자르지?"

"3주마다 자르지." 나는 대답했다.

"그래, 그럼 그 결정에 대해 수학적으로 생각해보자. 당신이 이발소에 3주에 한 번 가는데, 방금 마흔여덟 장의 이발 쿠폰을 샀다면 그걸 모두 쓰는 데 얼마나 걸릴까?" 이는 마치 수능에 나오는 질문처럼 느껴졌고, 아내의 목소리에는 벌써 그 답이 나와 있었다.

"하지만 돈을 아낄 수 있는걸." 나는 제니의 주의를 딴 데로 돌리려고 애쓰며 말했다.

"그 쿠폰을 몽땅 다 쓰는 데 2.7년이 걸려. 그 쿠폰을 다 써버릴 때쯤에는 아이 하나가 대학에 가 있을 거고."

나는 곧바로 "장담컨대 딸아이는 정말 좋은 대학에 갈 수 있을 거야. 왜냐하면 내가 머리 자르는 데 이렇게나 많은 돈을 절약했으니까"라고 대꾸했다. 그건 아마도 제니가 꼬집어 말하려는 바가 아니었을 것이다. 핵심은 내가 장기계획을 세우는 것과 산수, 보아하니 머리 자르는 일에도 능하지 못하다는 것이었으리라. 하지만 나는 그 외에 다른 일은 잘했다. 예를 들어,

사람들에게 삶을 개선해줄 아이디어에 관해 이야기해주는 일 같은 것들 말이다. 그게 바로 내가 하는 사업의 기반이자, 내가 쓰는 모든 책과 내가 하는 모든 강연의 핵심이다.

그래서 나는 긍정적 확언을 반복하는 데 성공하자, 내가 경험한 바를 다른 사람들과 나누기로 결심한 것이다. 나는 좋은 생각을 혼자서만 간직할 줄을 모른다. 나의 고등학교 기하 과목 선생님은 언젠가 학부모 총회에서 우리 어머니에게 "존은 물어보지 않은 것에 대해서도 끊임없이 말해요"라고 말한 적도 있었다. 선생님이 칭찬으로 한 말은 아닌 것 같지만, 나는 칭찬이라고 믿었다!

나는 무언가에 신나 있을 때면 누구든 그 이야기를 나누기 전에 우리 집 현관문을 그냥 지나치게 두지 않는다. 그 사람이 코트를 벗기도 전에 웃기는 비디오를 튼다거나, 새롭게 좋아하게 된 책을 보여준다거나, 아니면 이층 계단으로 뛰어 올라가 레고 세트를 가지고 내려온다. 그런 일이 하도 자주 일어나자 제니는 내가 가장 좋아하는 것들을 '현관문 아이디어'라고 부르기 시작했다.

나는 지그의 긍정적 확언을 따다 썼는데(제4장에서 말했던 것처럼 말이다), 다른 사람들과 공유할 수 있는 나만의 긍정적 확언을 만들어내고 싶었다. 만들어내는 것뿐 아니라 그 확언을 가르치고 실험해보고, 내게 도움을 준 만큼 다른 사람들에게도 도움이 되는지 확인해 보고 싶었다.

따라서 나는 마이크 피슬리 박사에게 계획 세우기를 도와달라고 부탁했다. 왜냐하면 박사는 계획을 세우는 데 도사고, 이 발소 이용권도 한 번에 한 장만 사기 때문이다.

새로운 찬가 만들기

첫 번째 단계는 새로운 확언 한 세트를 만들어내는 것이었 다. 앞서 말한 도로시 파커의 야성적인 정신과 잘 훈련된 눈이 라는 접근법 덕분에 나는 이미 수십 가지 확언을 수집해두었 다. 그리고 약 1년을 생각과잉을 연구하는 데 쏟으면서, 자세히 살펴볼 풍부한 사운드트랙도 얻을 수 있었다. 나는 사무실 벽 에 가로 1m, 세로 60cm의 종이를 붙인 후, 매일 볼 수 있게 아 이디어들을 써 내려가기 시작했다.

어떤 말은 호전적이며 긍정적이었다. '지루한 나날들은 나를 두려워한다!'

어떤 말은 단순했다. '내가 이길 때까지 끝난 게 아니다.'

어떤 말은 감상적이었다. '두려움은 그저 용감함을 불러내는 초대장일 뿐이다.'

어떤 말은 우울했다. '반만 희망을 품느니 완전히 상처받는 게 낫다.'(이 말은 이기지 못할 싸움이라도 '네가 가진 모든 것을 걸고 달려들어!'라는 말을 가장 감상적으로 할 수 있는 방법이다)

어떤 말은 그 안에 사운드트랙이 숨겨져 있을 거라 생각되었 다. 예를 들어, 내가 손으로 갈겨쓴 글씨 중에 "빌리 조엘은 콘서트에서 맨 앞자리 표는 팔지 않았다. 지루해하는 부자들만 맨 앞자리 관객으로 만나야 하는 것에 질렸기 때문이었다. 빌리 조엘은 열정적인 팬들에게 맨 앞자리 표를 줘서 자신이 공연하는 동안 그 팬들의 모습을 보며 즐거워했다. 아마도 이쯤에서 어떤 사람들을 주변에 두어야 할지 판단할 수 있는 사운드트랙이 나오겠지?"라고 쓴 것도 있었다.

모든 것을 써 내려가기 시작한 지 몇 주가 지나자 내 사무실은 약간 영화 〈뷰티풀 마인드〉에 나오는 한 장면처럼 되었다. 내가 문을 너무 빨리 열 때면 아이디어로 빼곡히 찬 그 커다란 종이가 바람결에 펄럭였다. 마치 셀린 디온이 뮤직비디오에서 사랑에 관한 노래를 부르며 나풀거린 드레스처럼 말이다. 나는 이제 작업할 만큼 충분히 모았다는 데 만족해하며, 그 아이디어들을 다듬어가기 시작했다.

나는 여러분과 내가 30일간 매일 거울을 보며 말할 수 있는 그런 '새로운 찬가'를 만들고 싶었다. 무언가 사실이면서도 도움이 되고 친절한 노래를 만들고 싶었다. 이는 정체성과 현실 양쪽에 호소하는 긍정적인 진술의 모음이 될 것이었다. 정체성에 대한 진술은 '나는 나 자신의 CEO이자 최고의 상사야!'처럼 여러분이 누구인지를 담은 진술이다. 현실에 대한 진술은 '추진력은 제멋대로 작동한다'로 인생이 어떻게 흘러가는지를 담은 진술이다.

진술은 우연히 만들어진 것이 아니다. 사람들이 지나치도록 많이 생각하는 것들에 대응하기 위해 신중하게 선택된다. '추진력은 제멋대로 작동한다'는 완벽주의에 대처한다. '나는 나 자신의 CEO이자 최고의 상사야!'는 여러분이 자기 인생을 근본적으로 책임짐과 동시에 자기 자신에게 친절해야 함에 초점을 맞춘다. 나는 그러한 기준을 가지고 수백 개의 사운드트랙 중 가장 효과적이라고 생각한 스무 개를 골랐다. 나는 더 확실한 것들을 골라내기 위해 수십 명의 사람에게 이 사운드트랙들을 보냈고, 사람들은 내게 피드백을 줬다. 그러자 열 곡의 확실한 승자가 모습을 드러냈다.

나는 새로운 찬가의 볼륨을 더욱 크게 높이기 위해 가이드북을 한 부 만들었고, 만 명 이상의 사람을 상대로 실험해봤다.

잠깐, 놀라운가? 그런 것쯤은 식은 죽 먹기였다. 몇 년 동안 온라인 커뮤니티를 육성해온 만큼, 실험에 참여해줄 수천 명의 사람을 수월하게 확보할 수 있었다. 마이크 피슬리 박사와 나는 우리에게 필요한 모든 것을 준비했다. 30일간의 도전에 함께 할 만 명의 참가자들과 그 발전 결과를 추적할 방법, 이야기를 수집하기 위한 비공개 페이스북 그룹, 그리고 새로운 찬가까지.

여러분도 참가할 수 있다. 바로 여기, 이 책에서다. 나는 곧 이 연구의 결과를 여러분께 알려주겠지만, 새로운 찬가를 빨리 여러분과 나누고 싶어 더 이상 기다릴 수가 없다. 이 장에서 몇 페이지를 할애해 이야기를 하고자 한다.

나는 여러분이 새로운 찬가를 써먹어야 한다고 생각한다. 오늘부터 반드시 시작하자. 여러분이 일단 한 번 읽고 나면, 왜 그래야 하는지 말해주겠다.

새로운 찬가

30일 동안 매일 아침과 저녁, 거울 앞에 똑바로 선 뒤 다음의 말을 큰소리로 자신 있게 말해보자.

나, [여러분의 이름] 는 생각을 선택할 것이다. 최선을 다한다는 것은 나의 가장 좋은 점을 인지하는 데서 시작한다는 뜻임을 알고 있다. 모험을 위해 새로운 길을 찾듯, 이러한 생각들은 내가 행동할 수 있는 항로를 결정지어줄 것이다.

나는 내가 생각하는 내용이 중요하다고 믿는다. 나는 이 다음에 무슨 일이 일어날지 알고 싶어서 신이 난다. 나는 원칙을 잘 지키고 그 원칙을 지키기 위해 헌신한다. 다음은 내가 아는 10가지 사실이다.

1. 오늘은 새로운 하루고, 내일 역시 그렇다.
2. 나는 줄 만한 가치가 있는 선물을 가지고 있다.
3. 내 앞길을 가로막는 사람은 오직 나뿐이며, 어제부로 나는 그런 짓을 그만뒀다.
4. 나는 나 자신의 CEO이고, 나는 최고의 상사다.
5. 승리는 전염된다. 다른 사람들이 이기도록 도우면 나도 이긴다.
6. 불편함을 느끼는 것은 과거의 안락한 울타리를 지금의 내게 맞추느라 힘든 시간을 보내고 있다는 신호일 뿐이다.

7. 추진력은 제멋대로 작동한다.

8. 모든 것은 언제나 나를 위해 움직인다.

9. 나는 나 자신의 가장 큰 팬이다.

10. 장애물에 대한 최고의 대응은 어떻게 해서든 해내는 것이다.

매일 아침

나는 총알을 장전했다. 나는 이 방을 떠나는 것이 아니라 출격하는 것이다. 나는 밝혀지지 않은 기회들로 가득한 하루를 맞이할 준비가 되었다. 나는 정직함, 너그러움, 웃음, 그리고 앞으로 가야 할 길에 대한 용기로 가득 차 있다. 세상아, 덤벼라! 이제는 한 발짝 더 오르고, 나아가고, 내디딜 차례다.

매일 저녁

정말 좋은 하루였다! 가장 좋은 것은 내가 내일 계속해야 할 재미있는 일들이 많이 남았다는 것이다. 베개에 머리가 닿는 순간 나는 퇴근했으니 새로운 날을 위해 에너지와 신나는 기분을 비축할 것이다.

새로운 찬가는 효과가 있을까?

아마도 여러분은 거울이 있는 욕실에서 문을 닫고, 혼자 큰 소리로 찬가를 읽어봤을 수도 있다. 그렇게 했다면 축하드린다. 이제 여러분은 오늘의 연습을 반 정도 해냈고, 침대에 들기 전에 한 번만 더 해치우면 끝이다. 찬가를 실험해보지 않았더라도 여러분을 비난하지는 않겠다. 내가 여러분이라도 여전히 '이게 도대체 무슨 도움이 된다는 거야?'라고 생각할 테니까.

좋은 질문이다. 그리고 내가 강연을 위해 방문하는 기업에서 매번 받는 질문이기도 하다. 나는 무작정 록히드 마틴이나 마이크로소프트에 가서 "내가 지난번에 목표를 달성하자는 주제로 강연을 했더니 당신네 회사에서 엄청 좋아했던 거 기억나요? 이번 책도 마음에 들 거예요. 당신들이 얼굴 찌푸리고 있는 걸 완전히 뒤집어놓을 기분 좋은 긍정적 확언들로 꽉 차 있거든요"라고 말할 수는 없다. 기업은 자기들이 더 빠르고 더 나은 결정을 내릴 수 있는 기술을 가르쳐주길 바란다. 기업은 더 높은 성과를 내기 위한 지름길을 원한다. 기업은 중요한 것들을 위해 더 많은 시간과 창의성, 생산성을 바란다.

여러분도 그래야 한다.

나는 새로운 찬가를 이 책에 넣기 전에 18개월 동안 조사연구를 했다. 내가 먼저 실험해보지 않은 것들을 공유하고 싶지 않았다. 연구의 목표는 간단했다. 다음과 같은 세 가지 질문을 탐구하고 싶었다.

1. 긍정적 확언을 반복하는 것은 지나치게 생각을 많이 하는 일을 줄이는 데 도움이 되는가?
2. 지나치게 많이 생각하는 일이 줄어들면 생산성을 향상하는 데 도움이 되는가?
3. 지나치게 많이 생각하는 일이 줄어들면 목표에 대한 성공률을 높이는 데 도움이 되는가?

우리는 30일 동안 꾸준히 하루에 두 번 새로운 찬가를 반복한 만 명 이상의 사람에게 위 질문을 했다. 그리고 무엇이 바뀌었는지 알아내고자 긍정적 확언의 전과 후, 그 성과를 비교해 보았다. 사람들에게 비싼 전극을 붙이는 것처럼 보다 과학적인 방식은 아니었지만, 이 연구는 우리가 바란 것보다 더 많은 것을 보여줬다.

질문 1: 긍정적 확언을 반복하는 것은 지나치게 생각을 많이 하는 일을 줄이는 데 도움이 되는가?

우리가 처음 살펴본 통계는 (아침이든 저녁이든) 새로운 찬가를 적어도 스무 번 이상 반복했던 참가자들에게 어떤 변화가 생겼는지에 관한 것이었다. 이 사람들은 지나치게 많은 생각에 빠지는 일이 늘어났는가, 줄어들었는가, 아니면 그대로인가? 통계에 의하면 이 집단은 지나치게 생각을 많이 하는 일이 줄어들 가능성이 250% 높았다.

만약 당신이 거울 앞에 서서 적어도 한 달에 스무 번 이상 찬

211

가를 낭송한다면, 그렇지 않은 사람보다 생각을 덜 할 가능성이 2.5배 높아지는 것이다. 이처럼 잠깐의 노력만으로도 지나치게 넘쳐나는 생각은 큰 변화로 이어진다.

나는 그 데이터가 마음에 들었지만, 증거로서 충분하지는 못하다고 느꼈다. 더 나아가 새로운 찬가를 반복하는 횟수도 영향을 미치는지 알고 싶었다. 여기에서도 결과는 긍정적이었다. 사운드트랙을 스무 번 또는 그 이상 반복한 참가자들은 다섯 번 또는 그 이하로 반복한 사람들보다 생각과잉에 빠질 가능성이 46% 이상 낮아졌다.

그 연구는 나를 약간 미치게 했다. 만약 여러분이 새로운 찬가를 다섯 번이 아니라 스무 번 반복한다면 지나치게 넘치는 생각을 줄일 가능성이 46% 높아질 수 있는 것이다. 하루에 딱 90초 투자로 과도한 생각을 46% 줄여주는 무언가가 있다고 상상해보자. 아니다, 분명히 있긴 하다. 실제로 몇 페이지 앞에서 그 무언가를 보지 않았던가.

질문 2: 지나치게 많이 생각하는 일이 줄어들면 생산성을 향상하는 데 도움이 되는가?

나는 7학년 때 치열교정을 위해 머리에 장치를 쓰고 자야만 했다. 기초연산 수업을 같이 들었던 패티 에릭슨이라는 여학생은 잘 때뿐 아니라 학교에서도 머리 장치를 쓴다면 교정 기간을 줄일 수 있을 거라고 말했다. 그럴 리가 있니, 이 머리 장치 패티야. 어린 시절 별명은 그런 식으로 생겨나는 거잖아. 나는 이 치열교정을 위해 천천히 돌아가는 길을 택할게.

이것이 아마 내가 살면서 유일하게 거부한 생산성 향상전략이었을 것이다. 우리는 업무 시간을 줄여줄 방법을 끊임없이 찾는 식으로 생산성 향상전략에 집착한다. 그런데 인생에서 가장 시간을 잡아먹는 문제, 즉 생각과잉을 간과한다면 어떻게 될까?

새로운 찬가를 스무 번 이상 읊조린 참가자는 열 번 미만으로 한 사람들과 비교해서 목표를 향해 노력하는 데 더욱더 생산적이라고 보고했다. 이는 이 사람들이 새로운 찬가를 그만큼 낭송하지 않은 사람들보다 9일을 더 노력했다는 의미다. 30일이라는 기간 동안 사람들은 9일이나 더 노력했다고! 이런 일이 1년 동안 계속된다면 어떻게 될까? 새로운 찬가를 반복하는 사람들에게는 적극적으로 노력하는 108일이 추가적으로 생기는 것이다. 목표를 달성하는 데 108일의 노력을 더한다면 얼마나 더 많은 성과를 거둘 수 있을지 상상해 보자.

새로운 찬가를 낭송하는 사람들은 좀 더 생산적일 뿐 아니라 성과에 대한 만족도도 21% 더 높았다. 30일이 끝날 때쯤 이들은 자기들이 거둔 성과에 만족하며 더욱 행복해졌다는 말이다. '내 업무를 더 잘하고 더 좋아하려면 어떻게 해야 하지?'라고 생각해본 적 있다면 이 문단 전체에 밑줄을 쫙쫙 긋자. 만족도를 높이기 위해서는 긍정적인 생각으로 자괴감을 줄여야 한다. 자괴감과 만족감은 반비례하기 때문이다.

다만 누군가가 목표를 달성하기 위해 9일을 더 노력한다고 해서 그 사람이 온종일 그것만 한다는 의미는 아니다. 그 누구도 하루에 8시간에서 10시간 동안 목표를 향해 정진할 수는 없다.

질문 3: 지나치게 많이 생각하는 일이 줄어들면 목표에 대한 성공률을 높이는 데 도움이 되는가?

어느 날 오후 나는 달리기를 하다가 '올해의 1,000마일'을 달성하는 순간 기쁨에 차서 환호성을 질렀다. 때는 12월 18일로 나의 마흔네 번째 생일 전날이었고, 그때 내가 정확히 어디를 달리고 있었는지도 기억난다. 나는 '바로 그거지!'라며 나 자신을 칭찬했고, 걷잡을 수 없이 흥분해서 달리기 속도를 올렸다. 352일이나 꾸준히 시간을 들여 목표를 달성했다니 믿을 수가 없었다. 나는 그 순간이 좋았고, 나도 여러분도 그런 순간을 더 많이 누렸으면 좋겠다.

그런 순간은 어떻게 얻을 수 있을까? 우리는 생각과잉을 해결하기 위해 창의적인 방법들을 찾아냈다. 이쯤에서 생각과잉이란 우리의 생각이 우리가 원하는 걸 얻는 데 방해되는 경우를 의미한다는 것을 다시 기억하자.

지나치게 넘쳐나는 생각에 빠지는 일이 줄었다고 밝힌 참가자들은 목표를 달성하거나 달성에 가까워질 가능성이 4배, 즉 400% 더 높았다. 400%라니! 참가자들은 지나치게 많은 생각을 줄이지 못한 사람들보다 더 많은 일을 완수했을 뿐 아니라 최종 목표를 달성할 가능성도 훨씬 더 컸다. 이 연구는 나의 모든 예상을 그저 뒤엎어버렸다.

정리하자면 새로운 찬가를 반복하는 일은 생각과잉과 자괴감을 감소시키는 데 도움이 되었으며, 만족도와 생산성을 높여주었다. 또한 마지막으로 사람들이 목표를 달성하기 위해 자기 동료들보다 9일이나 더 노력하도록 장려했다.

이 모든 성과가 간단한 종이 한 장에서 나온 거냐고? 그렇다. 그리고 우리가 참가자들에게 들었던 개인적인 이야기는 이 데이터에 더욱 힘을 실어줬다.

새로운 찬가의 증언자들

어쩌면 여러분은 숫자에 약할 수도 있다. 당연히 그럴 수 있다. 나도 계산을 못해서 거의 삼 년 치 이발 쿠폰을 사 버렸으니까. 숫자들은 헷갈리는 법이다. 삶을 바꾸는 새로운 찬가에 관한 사람들의 경험담을 "내게 그냥 이야기해달라고!"하고 여러분은 외치리라.

문제없다. 통계 데이터 외에도 우리는 한 달 동안 비공개 페이스북 그룹 안에서 근거로 활용할 만한 일화들을 모으고자 했다. 이는 사람들이 상호작용하면서 새로운 찬가에 대한 개인적인 경험을 공유할 기회였다. 3,500명 이상의 사람들이 가입했고 수천 개의 피드백이 올라왔다.

모든 답글을 구석구석 살펴보니 어떤 패턴이 드러나기 시작했다. 처음 새로운 찬가를 시도해볼 때는 멍청이처럼 느껴진다는 것이다. 거울 앞에 서서 자기 자신에게 격려의 말을 던지는 일을 해본 적 없다면 처음엔 100% 유치하게 느껴질 수 있다. 워싱턴주에 살면서 홈스쿨링으로 아이들을 키우는 어머니인 브리트니 대픈은 이렇게 말했다. "그 찬가를 읽는 게 바보 같다고 느껴져요. 아직은 내 남편이 부르면 들릴 거리에서는 그 말을 크게 할 수가 없어요." 남편의 문제는 아니다. "남편은 완전히 저를 지지해줘요. 제게 가장 큰 응원군이죠." 브리트니는 그럼에도 여전히 바보 같다고 느낀다.

나는 새로운 찬가를 처음 시도할 당시에 가족들에게 내가 뭘 하려고 하는지 분명히 밝혀 두었다. 나 자신을 격려하는 도중에 가족들이 화장실에 들어오지 않도록 하기 위함이었다. 아침을 먹기 전에 "나는 내 새로운 찬가를 시작할 거야!"라고 선언하는 식이었다. 나는 그 찬가의 현장을 들킬까 봐 두려웠다. 무엇이 걱정스러웠을까? 자기 자신을 격려하는 내 모습을 아이들이 보면 끔찍하다고 생각할까 봐? 먼 훗날 막내 딸아이가 친구에게 다음과 같이 털어놓을 것이라고 상상한 것이다. "내가 왜 심리치료를 받냐면… 우리 아빠는 긍정적인 자신감과 희망을 품었기 때문이야. 너무 끔찍했어."

캔자스주 세인트 프랜시스에 사는 블로거인 에리얼 길버트슨은 새로운 찬가를 반복하며 불편함을 느끼다가, 아주 명확한 결론에 도달하게 되었다고 한다. "솔직히, 자신에게 멋진 말을 해야 하는(이런 건 크게 말하기에 바보처럼 들리지 않나요?) 불편한 상황에서 2분조차 버틸 수 없다면 더 어려운 일은 정말로 해내지 못할 테니까요." 자기 자신에게 친절해지기 위한 첫 번째 단계는 언제나 자신에게 친절하게 말하는 것이다. 자기돌봄은 자기와의 대화에서 시작된다.

좋은 소식은 불편함의 이면에 보석이 숨겨져 있다는 점이다. "우리는 단 2분 동안만 무언가 색다른 일을 하면 돼요. 짧은 시간이지만 오랜 기간 반복한다면 습관을 들이게 되죠. 이 별거아닌 찬가를 반복하는 습관의 결과 중 하나는 자기와의 대화를 바꾸는 거예요. 그 변화는 우리 인생의 매 순간순간으로 이어져요." 에리얼은 이렇게 말했다.

한 달 동안 찬가를 말하다 보면 여러분은 특정 사운드트랙이 다른 것들보다 더 귀에 착 감긴다는 것을 깨닫게 될 것이다. 미시건주 파밍튼 힐스에 사는 자산관리전문가인 브래드 와서만에게는 내가 만든 찬가의 3번 문장이 가장 크게 와 닿았다고 한다. "저는 그 문장을 천천히, 조심스레 읽어보았어요. '내 앞길을 가로막는 사람은 오직 나뿐이며, 어제부로 나는 그런 짓을 그만뒀'라고요." 그러자 이 사운드트랙은 브래드에게 다음과 같은 사실을 상기시켜줬다. "저는 이제 스스로 방해하는 일은 그만두고 제 건강과 웰빙을 우선순위로 두고 일정을 잡아요. 그래야 제 가족과 고객, 회사, 그리고 다른 이들을 위해 더 효율적으로 움직일 수 있을 테니까요." 단순히 어제의 엉터리 사운드트랙을 물리치는 것보다 훨씬 더 좋았던 점은 그가 "나는 (내 앞길을 가로막는 일을) 8월 31일에 그만둘 거야"라고 말한 것이었다. 브래드는 새로운 찬가의 힘을 더욱 크게 발휘하기 위해 날짜까지 구체적으로 지정했다.

일리노이주 멀린에서 온 웰니스* 강사인 에이미 파젯트는 새로운 찬가를 정말로 좋아했지만 '나는 나 자신의 가장 큰 팬이라는 것을 안다'라는 문장을 입 밖에 내는 건 어려워했다. 에이미는 해결책을 창의적으로 고안했다. "이건 정말 좀 웃기긴 한데, 미식축구가 날 도왔어요. 저는 시카고 베어스의 열렬한 팬이에요. 시카고 베어스를 포기할 뻔한 적도 여러 번 있었지만(NFL 보는 사람들은 다 알아요) 저는 포기하지 않았어요. 앞으로도 안 그럴 거예요. 그 팀은 제 팀이라고요. 저는 팬으로서 경기가 있을 때마다 큰 소리로 응원하고, 마지막까지 희망을 잃지 않아요. 경기가 있을 때면 사람들을 초대하는 '이벤트'를 만들어서 다른 팬들과도 함께 즐기죠. 저는 그 팀을 응원하는 것처럼 저 자신을 응원하는 모습을 상상하기 시작했어요. 음, 이제 '나는 나 자신의 가장 큰 팬이야'라고 말할 때마다, 그 말이 엄청나게 중요하고 특정한 유형의 분위기를 형성한다는 사실을 떠올려요. 제 분위기는 제가 만들어 간다는 걸 안 거죠."

에이미는 근본적으로 자신에게 강렬한 질문을 던진 것이다. '내가 가장 좋아하는 팀을 응원하는 만큼 힘차게 나 자신을 응원한다면 어떤 일이 벌어질까?'

---

* 웰빙Well-being과 행복Happiness 건강Fitness의 합성어, 신체와 정신은 물론 사회적으로 건강한 상태를 의미한다.

왜 아침저녁으로 반복해야 하는가

새로운 찬가 낭송을 아침저녁으로 해야 하는 이유는 무엇일까? 잠에서 깨어나는 일과 잠자리에 드는 일은 어떤 일에 착수하기 위한 준비의 순간이다. 한 번은 우리가 새 하루로 뛰어들게, 또 한 번은 우리가 꿈으로 뛰어들게 해준다. 특히 아침에 하는 찬가 낭송은 일부 사람들에게 엄청난 효과를 발휘했다.

텍사스주 슈가랜드의 팟캐스트 진행자인 데이나 윌리엄스는 매일 아침 다음과 같은 말로 가장 큰 용기를 얻었다. '나는 정직함, 너그러움, 웃음, 그리고 앞으로 가야 할 길에 대한 용기로 꽉 차 있다.' 데이나는 "제가 적극적으로 노력하고 있는 부분이에요. 저는 그 말들을 가방에 집어넣었다고 상상하면서, 그 말들이 항상 제 곁에 있다고 생각하는 게 좋아요. 그러면 그냥 가방 속에서 꺼내 사용하기만 하면 되니까요"라고 말했다. 우리는 모두 여행가는 짐을 쌀 때 신중해진다. 우리의 하루를 위해 챙겨야 할 것들에 대해서도 신중해져야 하지 않을까?

우리는 하루가 어떻게 흘러갈지 알 수 없지만, 엉터리 사운드트랙의 볼륨이 적어도 몇 차례 올라가리라는 것은 안다. 교통체증에 갇힐 수도, 동료가 중요한 회의를 취소해버릴 수도 있다. 생각지도 못했던 청구서가 우편함에 도착할 수도 있다. 그렇게 볼륨은 높아진다. 그러한 순간에 우리는 제3장에서 배운 볼륨 낮추기 기법을 사용할 것이다. 하지만 우리가 집을 나

잠에서 깨어나는 일과
잠자리에 드는 일은
어떤 일에 착수하기 위한
준비의 순간이다.
한 번은 우리가
새 하루로 뛰어들게,
또 한 번은 우리가
꿈으로 뛰어들게 해준다.

서기도 전에 아침의 찬가로 볼륨 다이얼의 눈금을 원하는 곳에 맞춰 놓는다면 전체적인 과정은 훨씬 더 쉬워질 것이다.

아침의 새로운 찬가만큼 저녁도 중요하다. 테네시주 스프링 힐에 사는 제프 스타인은 이를 최대한으로 활용했다. "저녁에 찬가 낭송을 할 때면 일을 모두 마치는 데 실패했다고 생각하는 대신 '내일 할 일을 남겨 뒀다'라고 생각하는데, 그건 정말로 기운나게 해요."

제대로 끝내지 못한 길고 긴 업무목록을 남긴 채 침대 위로 쓰러져본 적 있는가? 마무리하지 못한 모든 일이 떠오르면서 실패한 것처럼 느껴질 수 있다. 그럴 때 새로운 사운드트랙에 귀를 기울이면서 자신에게 "좋은 하루였어! 그중에서도 내일 할 재미있는 일들을 남겨뒀다는 점이 제일 신나지!"라고 말해본다면 어떨까?

우리는 침대에 들기 전에 마지막으로 하는 일이 얼마나 중요한지 잊어버리는 것 같다. 넷플릭스에서 대량학살범이 나오는 방송을 본 뒤 잠이 들었을 때 꿨던 그 기묘한 꿈을 기억하는가? 또 다른 어느 날은 새벽 2시에 문득 잠에서 깨어나, 잠들기 전에 골똘히 고민하던 문제의 답을 끼적이던 기억이 나는가? 침대에 눕기 직전 배우자와 말다툼을 벌이는 바람에 잠이 들 수가 없던 그 순간이 기억나는가? 이제 여러분은 모든 사람이 그런 경험을 했다는 데 고개를 끄덕이고 있을 것이다. 이처럼 매일 밤 마지막으로 하는 일은 큰 영향력을 가진다.

나는 잠자리에 들기 전의 뇌를 생각 연마기*라고 여긴다. 그리고 매일 밤, 불을 끄기 전에 몇 가지 아이디어를 머릿속에 던진다. 뇌가 이 아이디어들을 일곱 시간 동안 갈고 닦도록 말이다. 그런 다음 날 아침이면 항상은 아니지만 가끔, 훨씬 더 훌륭해진 아이디어를 가지고 잠에서 깨어난다.

⋮⋮ 한 번 해볼까? ⋮⋮

좋은 몸매를 유지하고 싶다면 운동을 하고 식사를 바꿔야 한다. 책을 쓰고 싶다면 의자에 궁둥이를 붙이고 꾸준히 글을 써야 한다. 사업을 일으키고 싶다면 투자자들에게 제안서를 보내야 한다. 이처럼 여러분의 새로운 바람은 새로운 행동과 짝을 이룬다. 엉터리 사운드트랙을 물리치고 좋아하는 새 노래로 바꾸고 싶다면 그 새로운 사운드트랙을 반복해야만 한다. 오늘이 기회다. 이제 새로운 찬가를 얻었으니, 1월 1일이나 다음 달 1일까지 기다릴 필요는 없다. 여러분이 원한다면 어느 해의 한 가운데에, 화요일이라도 당장 시작할 수 있다.

따라야 할 내용은 간단하다. 30일 연속으로 매일 아침과 저녁, 거울 앞에 서서 자기 얼굴을 보며 새로운 찬가를 큰 소리로

---

* 주로 돌이나 쇠붙이, 보석, 유리 따위의 고체를 갈고 닦아서 표면을 반질반질하게 하는 기계이다.

읽는 것이다. 하루하루 실천하면서 283페이지에 만들어둔 체크리스트를 지워나가자. 전설의 살인자 존 윅*이 아닌 이상, 연필을 쥐고 매일 리스트를 지워나가는 행위는 이 세상에서 가장 재미있게 느껴질 것이다.

이를 몇 번 시도해보면 무언가 놀라운 점을 깨닫게 된다. 여러분의 하루에 긍정적인 사운드트랙이 울려 퍼지기 시작하는 것이다. 여러분이 놓치곤 했던 밝은 면들은 조금 더 명확해지고, 조금 더 확실해지며, 조금 더 찾기 쉬워진다. 우리에겐 그런 밝은 면들이 필요하다. 할 수 있는 한 많이 찾아내자. 아무리 미약한 소리일지라도, 지나치게 넘쳐나는 생각들이 능숙하게 휘두르는 무기인 '호주머니 속 배심관'에 맞설 최고의 수비가 되어줄 테니까.

---

* 영화 〈존 윅〉에서 전설의 킬러 '존 윅'은 연필 한 자루로 상대를 제압해 죽인다.

제9장

증거를 모으자

인터넷의 가장 큰 장점은 여러분이 원하는 멘토와 가까이 소통할 수 있다는 것이다. 여러분이 존경하는 모든 사람은 고작 트위터 멘션 하나, 인스타그램 사진 한 장의 거리만 두고 있을 뿐이다. 심지어 패트리온Patreon* 같은 플랫폼이나 온라인 코칭 서비스를 통한다면 그들에게 돈을 지불하고 조언을 얻을 수도 있다. 2019년 나는 제임스 빅토르James Victore와 그런 시간을 가졌다.

에미상 수상에 빛나는 빅토르는 도발적인 포스터와 광고캠페인으로 잘 알려진 아트디렉터다. 그의 작품은 뉴욕현대미술관과 미국의회도서관, 그리고 프랑스의 루브르 박물관에 걸려 있다. 빅토르는 몇 년 동안 내 장거리 멘토가 되어주었다. '장거리'라는 말인즉슨 빅토르는 내 존재를 모를지언정 나는 그에게서 계속 배우고 있다는 의미다.

---

* 작곡가나 작가 등 창작자를 후원하는 멤버십 서비스다.

2012년 나는 빅토르가 쓴 책『빅토르, 누구의 죽음이 당신을 그 자리로 이끌었는가Victore Or, Who Died and Made You Boss?』를 사서 여러 번 읽고 또 읽었다. 그런데 가장 감명 깊었던 부분은 책 뒤표지에 강렬한 굵은 글씨로 박혀 있던 달리기 선수 스티브 프리폰테인의 말이었다. "누군가는 나를 이기겠지만, 그러기 위해서는 피를 봐야만 할 것이다."

이 한 줄은 내가 블로그 활동을 할 때 활용할 사운드트랙이 되어주었다. 포기하거나 하루를 건너뛰고 싶을 때마다 나는 그 대사를 중얼거렸다. 그러면 당장 노트북 앞으로 뛰어가게 되었고, '너희가 나보다 더 많은 구독자를 확보하기 위해서는 블로그에 2만 단어를 써야만 할 거야. 왜냐하면 나는 만 단어를 쓸 거거든'이라고 생각했다.

7년 동안 나는 이 사운드트랙을 틀고 계속 작업을 해나갔다. 그러던 도중에 빅토르가 코칭을 해준다는 사실을 알고 놀랐다. 나는 인스타그램 @JamesVictore를 팔로했는데, 그의 계정은 긍정적인 사운드트랙의 절묘한 역작 그 자체였다. 올라오는 사진마다 바로 전 사진보다 훨씬 더 열렬한 맹세를 담고 있었다.

나는 빅토르와 이야기를 나누기가 겁이 났지만, 넘쳐나는 내 생각을 줄이도록 도움 받고 싶은 욕망이 더 컸다. 그래서 그와의 만남을 신청했다. 제임스 빅토르 웹사이트에서 신청서를 쓰고, 내 인생에 대한 일련의 질문들에 답하고, 약속한 날짜가 오기를 기다렸다.

내게는 빅토르와 이야기를 나누고 싶은 기나긴 아이디어 목록이 있었다. 마침내 화상통화가 시작되자마자 나는 불쑥 입을 열고 소방호스가 물을 내뿜듯 줄줄이 이야기를 늘어놓았다. 빅토르는 내 말에 끼어들려고 노력했지만, 내가 말하는 속도만 더욱 빨라졌을 뿐이다. 마침내 나는 한숨을 돌렸고, 빅토르는 두 손을 들었다. "우와. 엄청 많네요. 당신은 정말로 두려움이 많은 거 같아요."

이 말이 나를 즉시 멈추게 만들었다. 두려움은 내가 우리의 만남에서 끄집어낸 질문들을 설명하기 위해 사용한 단어가 아니었다. 나는 빅토르의 평가에 트집을 잡고 싶었지만, 나는 누군가에게 조언을 부탁했다면 그 사람이 하는 이야기에 귀를 기울이는 연습을 하는 중이었다. 하나하나, 한 줄 한 줄, 빅토르는 내 아이디어 목록을 샅샅이 해부하기 시작했다. 화상통화가 끝날 무렵, 나는 그가 옳았음을 깨달았다. 우리 대화를 위해 내가 메모해온 것들은 꿈도, 계획도, 행동도 아니었다. 바로 엉터리 사운드트랙이었다. 사실도 아니고, 도움이 되지도 않으며, 내게 친절하지도 않았다. 빅토르는 그 사실을 꿰뚫어 본 것이다.

예를 들어 내가 빅토르에게 말하길, 우리 아버지는 목사여서 어렸을 때 어떻게 회사를 운영해야 하는지 가르쳐 주지 않았고, 그래서 나는 훌륭한 사업가가 될 수 없을 것이라 했다. 그 엉터리 사운드트랙은 그렇게 말했다. 마치 아버지에게 송어 손질법을 배우듯 사업적인 가르침을 받은 적이 없기 때문에, 그 후 50년 동안 무엇을 배우든 그 사실을 바꿀 수 없다고 말한 것이다.

나는 언젠가 열 살 전까지 외국어를 배우지 않으면 그 어려움이 하늘 높은 줄 모르고 커지게 된다는 글을 읽은 적 있다. 아마도 작은 사업을 운영하는 것에 관해서도 똑같이 대입했던 것 같다. '어휴, 우리 아빠도 나한테 그 레모네이드 판매대를 만들어줘서 초등학교 때 용돈벌이를 하게 해줬으면 좋았을 텐데!' 이 문장을 읽어보면 얼마나 터무니없는 소리인지가 보인다. 하지만 나는 이러한 엉터리 사운드트랙을 어찌나 여러 차례 들었던지, 뼛속까지 사무치게 믿고 있었다.

나는 빅토르와 대화를 나누는 동안 많은 내용을 받아 적었고, 빅토르는 잠시 입을 다물었다. "당신에게 선사할 모험이 있어요." 마치 해적 시인처럼 생긴 예술가만이 할 수 있는 말투로 그가 말했다. "내가 몇 년 동안 사용해왔던 만트라를 당신도 외우기 시작해 봐요." 다시 한 번 나는 원하는 삶을 만들어가기 위해 긍정적인 사운드트랙을 사용하는 성공한 사람과 마주치게 된 것이다.

"스스로에게 말해보세요. '모든 것은 언제나 나를 위해 움직인다'라고요."

나는 빅토르가 처음 그 말을 했을 때 움찔했다. 지나치게 감상적으로 느껴졌고, 가짜처럼도 느껴졌다. 하지만 빅토르는 그런 류의 사람이 아니었다. 뉴에이지보다는 펑크록에 가까웠고, 꽃밭을 뛰어다니기보다는 기성세대에 반항하는 쪽이었다. 그는 모터크로스를 타고, 뉴욕을 쥐락펴락하는 피도 눈물도 없는 사나이로 보였다. 게다가 내가 몇 년 동안이나 지켜본 빅토르는 그저 우리의 대화를 아름답게 마무리하려고 공허하고 진부한 말을 던질 사람이 아니었다. 빅토르는 자기가 살면서 사용했던 개인적인 사운드트랙이 내 인생에도 도움이 될 것이라 느꼈기 때문에 나와 나누려 했다.

그리고 빅토르는 내가 그 말을 반복해서 외우기를 바랐다. 그 사운드트랙을 믿는 데 필요하다면 열두 번, 백 번, 천 번 말하길 원했다. 그냥 말만 하는 것이 아니라 내가 찾아보길 바랐다. 그러한 사운드트랙의 모범적인 사례를 찾아서 나 자신과 다른 사람들에게 들려주길 바랐다.

빅토르는 내가 증거를 수집해주길 바란 것이다.

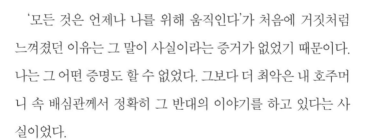

여러분이 원하는 사운드트랙을 발견했다면

'모든 것은 언제나 나를 위해 움직인다'가 처음에 거짓처럼 느껴졌던 이유는 그 말이 사실이라는 증거가 없었기 때문이다. 나는 그 어떤 증명도 할 수 없었다. 그보다 더 최악은 내 호주머니 속 배심관께서 정확히 그 반대의 이야기를 하고 있다는 사실이었다.

호주머니 속 배심관은 여러분이 현재의 모습보다 감히 더 발전하려 할 때마다 여러분의 인생을 평가하는 엉터리 사운드트랙 모음이다. 이는 모르는 사람들의 비판과 친구들의 의견, 실수, 그리고 놓쳐버린 기회 등에서 만들어진다. 이 배심관은 여

231

공포는 공짜지만
신념은 품이 드는 법이다.

러분이 하려고 마음먹은 일을 해낼 수 없을 거라는 증거를 숱하게 많이 보유하고 있으면서도, 호주머니 속에 넣고 돌아다닐 수 있을 만큼 작다.

여러분이 스스로를 설득하려 애쓸 때마다 이 배심관은 목소리를 높일 뿐 아니라 '레코드에 스크래치 내기'라는 특기를 발휘하기도 한다. 여러분이 4년 전 저지른 어떤 실수가 뜬금없이 떠오른다면 그게 바로 스크래치다.

호주머니 속 배심관이 가장 짜증 나는 이유는 공소시효 같은 게 없는 것이다. 여러분에게 좌절감을 줄 수만 있다면 깊숙이 묵혀두었던 10년 전 증거도 끄집어낸다. 새로운 사운드트랙이 길게 유지되지 못하는 이유가 여기에 있다. 우리는 갓 태어나 눈을 반짝이는 사운드트랙을 택해서, 이 싸움을 수년 동안 준비해온 배심관에 맞서라고 전투에 내보낸다. 그리고 그 모든 옛날 사운드트랙보다 새로운 사운드트랙의 목소리가 더 커지길 희망한다.

희망이란 멋진 것이지만, 우리가 정말로 새로운 사운드트랙으로 교체하고 싶다면 그 정도로는 부족하다. 인생을 살면서 사실이길 바라는 것들의 증거를 모아야만 한다. 이는 간접적인 경험을 말하는 게 아니다. 또한 증거가 여러분을 찾는 것이 아니라, 우리가 증거를 찾아내야만 한다. 공포는 공짜지만 신념은 품이 드는 법이다.

여러분이 실수를 저지르면 호주머니 속 배심관은 자동으로 여러분이 그동안 저질러 온 실수더미에 추가한다. 그러한 실수더미에는 여러분이 7학년 때 리더스 다이제스트 기사를 베끼다가 혼이 난 기억도 남아있다. 그래서 여러분이 책을 쓸 때마다 매번 떠오르고 말 것이다. (이 이야기는 그냥 아무 예시나 드는 거지, 오늘날까지 저를 괴롭게 만드는 기억이라거나 하는 건 아니에요, 루소 선생님.)

이 책에 등장하는 다른 행동들과 마찬가지로 증거를 모으는 일은 복잡하지 않다. 관련 사례를 목격하면 말로 표현하라는 것이다. 빅토르가 내게 선사한 모험이 바로 그것이었다. 어떤 일이 좋게 진행되면 '모든 것은 언제나 나를 위해 움직여'라고 말해야 했다. 나는 한 번도 아니고, 두 번도 아니고, 수십 번 그렇게 하고 나서야 그 새로운 사운드트랙은 나의 오래된 사운드트랙처럼 자동적으로 재생되기 시작했다.

호텔에 일찍 도착했을 때 내 방에 일찍 체크인할 수 있게 되면 나는 '모든 것은 언제나 나를 위해 움직여'라고 말하면서 이 일을 공책에 기록했다.

크리스마스 때 비싼 호텔에 머무르는 대신 친구가 자기 아파트에서 지내라고 초대해주면 내가 뭐라고 말했을까?

"모든 것은 언제나 나를 위해 움직여."

내가 이 말을 더 많이 할수록, 왜 그 말이 사실인지 더 많이 글로 옮길수록, 이를 증명하는 사례를 목격하기도 더욱 쉬워졌다.

어느 날 아침 가족들끼리도 친한 아이의 친구를 응원하러 치어리더 경연대회에 갔다. 경연장으로 향하는 길에 그 가족에게서 문자를 받았는데, 순서가 9시 30분에서 10시 50분으로 미뭐졌다고 했다. 평소 같으면 나는 그 소식이 누군가가 내 토요일을 일부러 망치려고 작정했다는 듯 받아들였을 것이다. 앞서 내가 여러분에게 들려줬던 '사람들이 나를 이용해먹으려고 해'라는 사운드트랙이 재생되면서 말이다. 그런데 여덟 살 아이의 치어리더 경연대회 심사위원이 내 인생을 일부러 어렵게 만들어서 얻는 게 무엇이겠는가? 딱 집어 말하기 어렵지만 내 엉터리 사운드트랙은 사악한 무슨 일이 계획되고 있다고 꽤나 확신하고 있는 듯했다.

그런데 나는 이번만큼은 그 소리를 듣지 않았다. '모든 것은 언제나 나를 위해 움직여'라고 말하는 새로운 사운드트랙이 중심부에 울려 퍼졌다. 나는 이 말이 어떻게 사실로 이뤄질지는 알 수 없었지만 분명 그렇게 믿기로 마음먹었다.

5분 후에 우리는 경기장 근처에서 아름다운 커피숍을 발견했다. 10분 후에는 행사까지 남은 시간을 때우기 위해 마치 밀레니얼 세대라도 된 듯 아보카도 토스트를 먹고 있었다. 대회 연기가 나쁜 것만은 아니었다. 아내와 아이들과 함께 브런치를 먹을 수 있는 예상치 못한 데이트가 되었으니까. 역시 모든 것은 언제나 나를 위해 움직인다.

모든 일을 긍정적으로 생각하려고 한 것은 아니었다. 100% 긍정적인 사고를 목표로 삼는 것은 최선이 아니다. 바버라 L. 프레드릭슨 박사는 "100% 긍정적인 생각을 바란다는 것은 삶의 인간적인 면을 부정하고 이에 저항하는 거예요. 여러분 머리를 모래 안에 묻어버린다는 의미죠."

프레드릭슨은 긍정적 사고라는 주제를 깊이 있게 연구하면서 좀 더 합리적인 목표를 발견했다. "긍정적인 사고를 적어도 3 대 1 정도 비율로 가지겠다고 마음 먹으세요. 가슴이 찢어질 듯 부정적인 경험 한 가지를 견뎌야 할 때마다 여러분에게 행복을 안겨줄, 마음에서 우러나오는 긍정적인 경험을 적어도 세 가지 누려야 한다는 의미예요."

나는 프레드릭슨이 긍정적 사고라는 막연한 개념에 과학적인 접근을 했다는 점에서 반해버렸다. "찌푸린 얼굴을 반대로 바꿔봐"라고 말하는 것과 "부정적인 순간이 한 번 찾아올 때마다 세 번의 긍정적인 순간을 적극적으로 얻어내야 한다"라고 말하는 것은 다르다. 프레드릭슨은 『긍정의 발견』(2009)에서 "내가 발견한 이 (3 대 1이라는) 비율은 사람들이 몰락할지, 번창할지를 예측할 수 있는 티핑 포인트다"라고 강조하기도 했다.

부정적인 경험 한 가지는 찾아낼 필요가 없다. 호주머니 속 배심관이 알아서 내게 가져다줄 것이었다. 다만 세 가지 긍정적인 경험은 오로지 내게 달린 일이었다.

호주머니 속 배심관에 대응하는 3단계

우리 집의 10대 청소년들은 내가 '모든 것은 언제나 나를 위해 움직여'라고 말하는 것에 진절머리를 낸다. 나는 막내딸의 라크로스 시합에서 가장 좋은 주차 자리를 발견했을 때, 아이들에게 물었다. "어떻게 이런 일이 벌어지는 줄 알아?"

"모든 게 다 아빠를 위해 움직이니까요?" 뒷자리에서 아이들이 퉁명스럽게 대꾸했다.

"정답!" 나는 주차장 로또에 당첨이라도 된 것처럼 말했다. 이렇게 몇 달 동안 나만의 증거를 수집하면서 내 호주머니 속 배심관과의 전쟁에서 승리했다. 이후 이러한 접근법이 다른 사람들에게도 통하는지 보고 싶었다. 나는 온라인에서 진행하고 있던 30일 목표설정 챌린지에 호주머니 속 배심원 개념을 추가했다. 그리고 수천 명의 사람에게 호주머니 속 배심관을 물리치기 위한 다음의 과정을 알려줬다.

1단계: 무슨 소리를 하는지 듣는다.

2단계: 정말로 무슨 일이 벌어지는지 증거를 수집한다.

3단계: 스스로에게 진실을 말해준다.

우리는 사운드트랙이 멋대로 작동하려고 할 때 "잠깐만, 지금 내 호주머니 속 배심관이 뭐라고 말하는 거야?"라고 말하지 않는다. 그런 시간을 가진다면 어떤 엉터리 사운드트랙이 재생 중이라는 걸 깨닫고 깜짝 놀랄 것이다. 오하이오주 애크런에서 홈스쿨링으로 아이들을 키우고 있는 에린 코벳은 이러한 연습을 하면서 자신의 호주머니 속 배심관이 외치고 있는 세 가지 이야기를 정확히 알게 되었다.

1. 나는 학교식 가르침에 소질이 없다.
2. 내게는 시장성 있는 기술이 거의 없다.
3. 나는 집중하고 정리하는 습관이 부족하기 때문에 내가 가진 기술로부터 성공적으로 이익을 얻지 못한다.

에린은 자신의 배심관이 진실하지도, 도움이 되지도, 친절하지도 않다는 것을 재빨리 알아챘다. "너무 못됐어요. 저는 제가 똑똑한 걸 아는데, 그 호주머니 속 배심관은 제가 그 지식을 이용하면서 허우적대기 때문에 똑똑한 게 아무 소용없다고 말하거든요."

에린은 첫 번째 단계를 완료했다. 즉 호주머니 속 배심관이 뭐라고 말하는지 글로 써보았던 것이다. 이제 에린은 증거를 모으고 스스로에게 진실을 말해줄 기회만 기다리면 되었다.

그 기회는 어느 날 갑자기 냉장고가 고장남으로써 찾아왔다. 우리 집 전자레인지와 식기세척기도 언젠가 딱 동시에 고장 나버린 적이 있다. 나는 가전기기에 대한 문장을 쓰는 거야 잘하지만 고치는 데는 소질이 없었기 때문에 수리기사를 불렀다. 그러나 에린은 직접 소매를 걷어붙이고 냉장고를 수리해 보기로 결심했다.

에린은 재빨리 구글에 검색해서 문제의 원인을 찾고, 한 번도 가본 적 없는 가게에 가서 38달러를 주고 교체할 부품을 사왔다. 그리고 3일에 걸쳐 스타트릴레이 교체에 성공했다.

이는 호주머니 속 배심관조차 축하를 보내야 할 일이었다.

에린은 냉장고를 고쳤고, 승리를 거두었으니까. 에린 만세! 그
런데도 호주머니 속 배심관은 에린이 대단한 일을 해냈다고 인
정하지 않았다. 대신에 쓸모없이 3일을 낭비했다고 말했다. 헛
된 기술을 익혔을 뿐, 그녀가 할 줄 아는 것들은 아무런 가치가
없다는 걸 또 다시 증명한 것이라고도 했다.

하지만 에린은 이번에 넘어가지 않았다. 호주머니 속 배심관
을 물리치기 위해 두 번째 단계에 돌입하여 자신의 새로운 사
운드트랙을 지지해줄 나름의 증거를 수집하기로 했다. 수집한
증거를 다음과 같이 글로 써서 자신에게 말하는 세 번째 단계
까지 수행했다.

1. 나는 아마도 냉장고 스타트릴레이를 다시 갈 일이 없을 수
   도 있다. 하지만 내가 한번이라도 해냈다는 것이 중요하다.
2. 나는 대략 200달러~1,200달러를 아꼈고, 그것만으로도 가
   치가 있다.
3. 동네에서 가장 좋은 부품 가게가 어디인지, 현금으로 결제
   하면 더 싸다는 사실도 알게 되었다.
4. 문제가 된 부분의 잠금 나사를 분리해내기 위해 좁은 공간
   을 날카로운 스크루드라이버로 마구 쑤신 것도 가치 있는
   일이었다. 냉장고를 만든 사람은 누군가가 혼자 힘으로 고
   치길 원치 않았기 때문에 그렇게 해놓았을 것이라는 점을
   알게 되었으니까.
5. 몇 년 전이었다면 우리 엄마와 시어머니에게 냉장고가 고

장 난 사실을 숨기고 저녁을 얻어먹었을 것이다.

에린이 찾아낸 증거를 조목조목 내던지면 호주머니 속 배심관은 정통으로 얻어맞고 비틀거릴 것이다. "스스로 만족했다는 게 가장 중요합니다. 그리고 저는 진짜 돈을 아낄 수 있었고, 부품 가게 아저씨를 알게 되었어요!" 누군가가 '냉장고 덕에 좋은 인연을 얻었나요?'라고 묻는다면 에린은 자신 있게 고개를 끄덕이며 '한 남자와 연이 닿았어요'라고 말할 수 있으리라. "저는 제가 그다지 터프하지 못할 거라 생각했는데 그 냉장고를 만든 회사에 한 방 먹였어요. 제 인생에서 경제적인 성장을 이루었고, 시어머니가 해주는 공짜 식사에 기댈 필요가 없어졌답니다." 그래, 이것이 바로 플렉스 중에 플렉스다.

이 냉장고와의 전투에서 에린은 엄청나게 많은 돈을 아끼기도 했지만 진정한 가치는 따로 있었다. "제가 호주머니 속 배심관에 대응한 걸로 따진다면 그 값어치는 더 클 거예요." 그녀가 말했다.

이제는 여러분의 배심관에게도 주목할 차례다. 그들은 몇 년 동안 열심히 부정적인 증거들을 수집해왔을 것이다. 확증 편향 탓에 엉터리 사운드트랙을 강화할 사례들만 말이다. 그러나 이제 그런 나날들은 끝이다. 대응할 만한 증거를 확보하고 있으니까.

호주머니 속 배심관들은 언제나 꼰대 같고, 여러분이 준비도 안 된 모습으로 법정에 나타나길 기대한다. 이들은 오랫동안 승리를 거둬왔기에 패배가 다가오고 있음을 깨닫지 못할 것이다. 특히나 여러분이 비밀병기를 갖추고 슬그머니 다가갈 때면 더욱 그렇다. 그 비밀병기란 바로 노력이다.

노력은 가장 훌륭한 증거

역사상 두 번째로 최고인 앨범은 무엇이라 생각하는가?

역사상 최고의 앨범은 말할 것도 없이 야니의 아크로폴리스 라이브 앨범이지만, 은메달 부문은 우열을 가리기 어려울 것 같다. 야니의 그 앨범을 한 번도 들어보지 못했다면 여러분의 심장과 귀에 참으로 미안한 일이 아닐 수 없다.

아크로폴리스 라이브 앨범을 향한 나의 사랑은 진심이다. 여러분이 그 앨범을 좋아하지 않을 가능성도 있지만 그건 중요치 않다. 음악적인 취향은 사람마다 다르니까. 내게 한 줄기 빛이 되어준 것이 여러분에게는 그렇지 않을 수 있고, 그 반대로도 마찬가지다. 새로운 사운드트랙에 대입해봐도 그렇다.

나는 여러분이 어떤 사운드트랙을 만들어낼지 모른다. 내가 만들어둔 새로운 찬가 열 가지를 모두 사용해도 좋다. 아니면 여러분 나름의 사운드트랙과 새로운 찬가를 리믹스 할 수도, 아니면 빈 종이 한 장에서 시작해 맞춤형 플레이리스트를 써볼 수도 있다. 선택은 당신의 몫이다.

다만 이 책에서 결론을 얻고 새로운 모험을 떠날 준비가 되었을 때 여러분이 듣게 될 엉터리 사운드트랙은 '네가 뭐라도 된다고 생각하는 거야?'라는 내용일 것이다. 이는 여러분을 소심하게 행동하도록 만드는 고전적인 호주머니 속 배심관의 진술이다.

호주머니 속 배심관 개념을 실험해본 사람 가운데 한 명인 지미 에이커스도 그 엉터리 사운드트랙을 들었다. 온라인 기타 수업을 시작하기로 결심했을 때였다. 인터넷의 미덕은 당신이 누군가에게 무언가를 가르쳐주고 싶다면 그렇게 할 수 있다는 것이다. 기술이 발달하면서 진입장벽은 그 어느 때보다 낮아졌고, 경기장은 모두에게 공평해졌다. 하지만 호주머니 속 배심관은 전혀 변하지 않았다.

지미는 나와 함께 호주머니 속 배심관을 극복하는 연습을 해왔기에 이번만큼은 준비가 되어 있었다. 그래서 그는 배심관의 목소리를 듣는 대신 증거를 모아 스스로에게 다음의 사실을 이야기해주었다.

1. 나는 22년 동안 기타를 배우고 연주해왔다.
2. 나는 거의 15년에 달하는 기타교습 경험을 가졌다.
3. 나는 이 강좌를 위해 100시간 이상의 준비기간을 거쳤다.

이 세 가지 증거가 공통적으로 포함하고 있는 것이 무엇인지 눈치챘는가? 바로 노력이다.

지미의 증거는 속속들이 노력에서 비롯되었다.

지미는 22년 동안 기타를 배우고 연주해왔다. 기타에 대해 생각만 한 것이 아니었다. 20년 이상 기타를 손에 쥐고 있었고, 다른 사람을 가르치는 데도 15년 이상을 썼다. 그는 강좌를 만드는 데 100시간 이상을 투자한 셈이다. 이처럼 지미는 넘쳐나는 생각을 더 많은 생각으로 물리친 것이 아니라, 더 많은 행동으로 물리쳤다. 그것은 언제나 승리로 향하는 길이었다.

행동 없는 사운드트랙은 그저 포춘쿠키 속 메시지와 같다. 재미있을 수도 있고, 심지어 현명한 답이 될 수도 있지만 행동으로 옮기기 전에는 아무것도 현실이 되지 못한다. 지미에게는 훌륭한 사운드트랙이 있었다. '나는 이 강좌가 얼마나 큰 영향력을 가질지 알고 있어'였다. 용기를 북돋아 주고 최고로 긍정적인 이 사운드트랙을 가지고 있는 것만으로도 도움이 되지만, 지미가 자신의 호주머니 속 배심관과 싸우기 위해 들이민 것은 그게 전부가 아니었다. 그는 노력으로 만들어진 증거를 들이댔다.

여러분이 사랑에 빠진 새로운 사운드트랙이 생겼을 때 노력을 통해 이를 튼튼히 뒷받침할 증거를 마련해 둔다면, 훗날 호주머니 속 배심관이 목소리를 높이더라도 승리할 수 있다.

2008년 내가 처음 '나는 대중강연자가 될 수 있어'라고 믿었을 때 내게는 아무런 증거도 없었다. 어쩌면 당연했다. 나는 그저 막 시작했을 뿐이니까. 하지만 나는 그 사운드트랙이 몇 년 동안 흘러나오길 바랐고, 따라서 노력에 초점을 맞췄다. 내가 그렇게 해서 다행이다. 새로운 사운드트랙을 사실로 만드는 가장 빠른 방법은 행동으로 옮기는 것임이 밝혀졌으니 말이다.

나는 무료로 강연을 했고, 끊임없이 말하는 연습을 했다. 그리고 백만 개의 단어를 블로그에 쏟아내는 콘텐츠 기계가 되었다(앞서 나는 누군가 나를 이기려면 피를 봐야 할 거라고 말했다).

나는 아직 목표에 도달하지 못했기 때문에 여전히 이 접근법을 쓰고 있다. 나는 기회가 있을 때마다 호주머니 속 배심관보다 열심히 노력하며 행동으로 빼곡 채운 12년을 보냈다. 이후 올랜도에서 열린 한 치과학회에서 75분간의 기조연설을 마치고 무대에서 내려왔을 때 행사기획자에게 이런 말을 들었다. "우리는 작년에 사인필드를 초청했어요. 그런데 오늘 당신이 사인필드보다 더 웃겼답니다." 내 묘비에 저 말을 꼭 넣어주길.

어떻게 행사기획자 입에서 그런 말이 나오게 되었을까? 내가 정말로 사인필드보다 웃긴 사람이어서는 아니었다. 나는 같은 행사에 참석하는 한 영업사원을 내슈빌 공항에서 만났다. 나는 사우스웨스트항공의 사전좌석 지정불가 정책으로 비행기에서 그 사람의 옆에 앉을 수 있었고, 두 시간 꼬박 그의 회사와 제품, 문화에 관해 꼬치꼬치 캐물었다. 그 덕에 누가 들어도 최고로 웃긴 치과 유머로 강연장의 좌중을 휘어잡을 수 있었다. 그 사람들은 미국의 다른 곳에서는 잘나갈지 몰라도, 그 강연장에서는 웃느라 완전히 쓰러져버렸다. 사인필드가 손 공구나 치아에 구멍 뚫는 기계, 스케일링 기계 같은 것으로 농담을 했을까? 당연히 아니다. 그는 그럴 필요가 없었을 것이다. 하지만 나는 그래야만 했다. 왜냐하면 내 호주머니 속 배심관의 입을 다물게 만들 수 있는 최고의 방법은 아주 압도적으로 멋진 노력을 선보이는 것이기 때문이다.

나는 이 책을 끝내는 동안 형광 초록색 나이키 신발을 신는 그런 사람이다.

나는 승리에 관해 글을 쓰고선 "이 모든 건 언제나 나를 위해 움직여"라고 소리를 지르는 그런 사람이다.

나는 비행기에서 영업사원에게 너무나 많은 질문을 던져서 주변 사람들이 나를 치아에 희한하게 집착하는 변태라고 생각하게 만드는 그런 사람이다.

나는 엉터리 사운드트랙과 이별하고, 이를 새로운 사운드트랙으로 바꾸고, 그 후 새 노래가 옛날 것만큼 자동으로 재생될 수 있게 반복하는 그런 사람이다.

또한 나는 앞서 말한 세 가지 일을 여러분이 해내도록 내가 가장 좋아하는 도구를 가르쳐줄 그런 사람이다.

제10장

사운드트랙과
상징을 엮어라

내가 브리티시콜롬비아주의 밴쿠버를 방문했을 때 알게 된
규정 중 하나는 공항을 떠난 뒤 가장 처음 만나는 적색 신호등
에서 휴대폰을 사용하는 것이 불법이라는 것이었다. 나와 우리
가족은 이 나라에 고작 한 시간 머물렀던 차였다. 내가 '어붓'
농담*을 던지거나 말코손바닥사슴에 대한 경멸적인 말을 한 것
도 아니었다. 우리는 여름휴가를 맞아 며칠간 머물기 위해 휘
슬러로 향하는 길이었고, 모든 것이 완벽하게 돌아가고 있었
다. 나는 적색 신호등에 걸렸을 때 휴대폰을 꺼내어서 내가 후
원하는 고아원을 확인했을 뿐이었다. 트위터를 하려고 했을 수
도 있다. 지금으로선 기억이 나지 않는다.

그때 경찰 한 명이 인도에서 내려와 내 차 창문을 두드렸다.
나는 그 경찰에게 마이클 J.폭스와 앨라니스 모리셋을 미국에

---

* 캐나다인들이 about(어바웃)이란 단어를 aboot(어붓)이라고 발음하는 것을
　두고 미국인들이 얕잡아 놀리는 것을 말한다.

보내준 캐나다에 감사하다고 말하기 시작했지만, 그가 하고 싶은 이야기는 그런 것이 아니었다. "차에서 휴대폰을 사용해선 안 됩니다. 300달러 벌금을 물어야겠어요."(오, 캐나다여.)

나는 꼼짝없이 벌금 딱지를 물어야만 했다. 사실 나는 운전하는 중에 무심코 휴대폰을 사용한 것이 아닌, 휴대폰 중독자였다. 문자메시지에 답하는 것 정도는 아마추어나 하는 짓이었다. 나는 고속도로 표지판에 쓰인 모든 경고는 완전히 무시한 채 휴대폰으로 블로그 글을 쓰고, 책에 쓸 아이디어를 메모하고, SNS도 했다. 일단 여기까지 말한 것만으로도 나는 언젠가 살아 돌아오지 못하거나 답 문자를 영영 받을 수 없게 되었을 것이다. 오히려 경찰이 나를 잡아내기까지 그리도 오래 걸렸다는 사실이 놀라웠다.

경찰은 캐나다인다운 친절한 태도로 이렇게 말했다. "당신 잘못이 아니에요. 렌트카 회사에서 우리의 새 규정을 미리 당신에게 알려줬어야 했어요. 차를 반납할 때 회사 측에 벌금을 내달라고 말하세요." 끔찍한 아이디어처럼 들렸지만 그 경찰은 총을 가졌기 때문에 나는 그 말이 옳다는 듯 그를 따라 고개를 끄덕였다. 그는 내가 살면서 한 번도 받아본 적 없는 벌금 고지서를 써준 뒤, 살면서 본 것 중 가장 아름다운 산이 있는 북쪽으로 나를 보내주었다.

나는 그 여행 전체를 망치고 말았다. 내 몸은 피크 투 피크 곤돌라Peak 2 Peak Gondola도 탔으며, 가족들과 산에도 올랐다. 신발을 씹는 것 같던 웰던으로 익힌 스테이크도 먹었다. 하지만 그 어떤 것도 내 지나치게 많은 생각이 만들어내는 소음을 뚫지 못했다. 경찰관이 내게 그 렌트카 회사에 벌금을 대신 내달라고 요청하라는 말을 한 순간부터 나는 일어날 상황을 리허설하기 시작했다.

에이비스 직원: 차는 어떠셨어요?

나: 정말 좋았어요. 연비도 훌륭하고, 트렁크도 크고. 제가 생각했던 것보다 실내 냄새도 더 깔끔했어요. 더 이상 바랄 게 없었어요. 처음부터 끝까지 좋았어요, 하하!

에이비스 직원: 그러셨다니 다행이에요!

나: (생각과잉에 빠져서 뻘뻘 흘린 땀에 푹 절인 쭈글쭈글한 종이를 슬며시 카운터 너머로 내밀며) 다만 한 가지 문제가 있어요.

에이비스 직원: 이게 뭐죠?

나: 벌금 고지서예요. 프레드라는 경찰관이 당신에게 주라고 하더군요. 제가 운전 중에 휴대폰을 하다가 걸렸는데, 미리 규정을 안내하지 않은 당신네 회사 잘못이라고 하더군요. 그래서 당신이나 톰 에이비스나 뭐 누구든 회사 측에서 벌금을 대신 내주면 고맙겠어요.

에이비스 직원: 여러분, 잠깐만 다른 고객들 응대하는 걸 멈추고 여기 와서 이 남자분이 뭐라고 하는지 들어보시죠! 다른 직원들에게 당신이 무슨 말을 했는지 들려주세요. 아주 웃기네요. 당신은 우리가 만나본 사람 중에 가장 바보 같은 미국인이에요.

이 대화는 상황이 어떻게 흘러갈 것인지 머릿속에서 많은 생각이 넘쳐나면서 만들어낸 여러 버전 중의 하나다. 나머지 다른 버전도 사실에 가깝지 않고, 도움이 되지도 않으며, 친절하지 않았다. 교통 위반 과태료를 내달라고 렌트카 업체에 말해야만 하는 그 상황 때문에 과할 정도로 생각에 빠져 있었던 것이다.

"저 폭포 좀 봐!" 아내가 북미에서 가장 아름다운 길 중 하나라는 99번 도로인 시 투 스카이Sea to sky 고속도로를 타고 올라가며 감탄했다. 그런데 내가 아무 반응이 없자 "벌금에 대해서 너무 지나치게 생각하는 것 좀 그만둬. 어차피 월요일에 담판을 지을 거잖아. 당신은 이번 주말을 통째로 놓치고 있다고"라고 말했다.

"그렇지 않아. 그 에이비스에 있는 직원이 나랑 몸싸움을 벌이면 어떡해? 여기가 캐나다에서 프랑스계 사람들이 사는 곳이던가? 만약 그렇다면 그 사람들은 흰 장갑을 끼고 내 얼굴 한가운데를 한 방 먹일 수도 있어. 프랑스 사람들은 그런 걸 좋아하거든." 나는 이렇게 대꾸했다.

3일 후 나는 차를 반납하기 위해 에이비스로 가서 렌트카 사무실에 들어갔다. 그다음 벌어진 이야기를 듣고 여러분은 깜짝 놀랄 것이다. 실제 대화는 내 지나친 생각들이 예상한 것보다 훨씬 더 쉽게 끝났다. 아주 정중한 에이비스 직원은 나를 자기네 고객서비스 핫라인에 연결해주고 순조롭게 나를 보내줬다. 모든 일이 끝나기까지 90초가 걸렸다. 나는 90초짜리 대화를 두고 3일간의 주말을 잃은 것이다. 이런 일이 여러분에게도 벌어진 적 있는가? 지나치게 많은 생각에 빠져 헤매는 바람에 주변의 모든 것들이 일시적으로 눈에 들어오지 않은 적이 있었는가? 나는 해안가 산맥을 통째로 사라지게 만들었다. 나만큼 해본 사람?

미쿡(캐나다처럼 이국적인 지역을 여행할 때면 사람들은 '미국'을 이렇게 발음한다) 집으로 돌아왔을 때 그 대화는 금방 잊을 수 있었다. 하지만 문자를 하면서 운전하는 버릇은 고쳐지지 않았고, 여전히 교통 위반 사건이 거슬렸다. 몇 달 후 경찰관 프레드가 캐나다에서 받은 내 벌금을 취소했음에도 나는 무언가가 바뀌지 않는다면 내슈빌에서도 교통위반 통지서를 받을 것 같았다. 무엇보다 내가 큰딸에게 운전을 가르칠 때에도 그럴까봐 우려스러웠다. 그리고 운전하면서 휴대폰을 쓰는 짓을 그만두지 않았다가는 딸에게 그러지 말라고 할 때마다 나는 엄청난 위선자가 될 판이었다.

나는 전에도 그런 행동을 그만두려 노력했었지만 고치기 어려웠다. 트렁크에 휴대폰을 넣어두기도 했고 손이 닿지 않는 뒷자리에 던져놓기도 했으며, 운전하는 중에 꺼놓기도 했다. 그 무엇도 효과가 없었다. 며칠 동안 실천해 보았지만 또다시 한 손에는 휴대폰을, 다른 한 손으로는 핸들을 쥐고 있는 나 자신을 발견했다.

따라서 나는 이성적인 사람이라면 이러한 상황에서 해볼 만한 일을 했다. 은행에 가서 200달러를 동전으로 바꿔온 것이다.

상징이 가진 힘과 우연히 조우하다

나는 운전하며 휴대폰하는 버릇을 간단한 도구를 활용해 고쳤는데, 조금 이상한 방법이라 지금까지 그에 관한 글을 쓴 적이 없었다. 그런데 이 책을 쓰기 위해 조사를 하면서 내가 그다지 특별한 건 아니었음을 깨달았다. 나는 그저 우연히 새로운 사운드트랙을 재생할 방법을 하나 더 발견했을 뿐이다.

제2장에서 여러분은 자신의 엉터리 사운드트랙에 '그게 사실이야'라고 물어서 이를 물리칠 수 있었다. 이제는 새로운 사운드트랙을 찾기 위해 그 질문을 살짝 바꿔보기로 하자. '나는 무엇이 사실이길 바랄까?' 나는 휴대폰을 보며 운전하지 않는 그런 사람이 되고 싶었다. 나는 위선자라는 기분이 들지 않고 딸에게 운전을 가르칠 수 있는 그런 아빠가 되고 싶었다.

2008년 내가 대중강연이라는 모험을 시작했을 때와 똑같이 처음엔 휴대폰 습관을 고칠 수 있다는 증거가 거의 없었다. 내 인생의 모든 상황이 불가능하다고 이야기를 했다. 하지만 나는 사운드트랙이 효과가 있기를 바라고만 있지 않았다. 이를 행동과 엮었다. 나는 리마인더가 필요하며, 그렇지 않으면 새로운 사운드트랙이 절대로 붙어 있지 않을 것임을 알았다. 나는 그 리마인더가 간단하고, 휴대가 가능하며, 작길 바랐다. 얼마간 생각을 한 뒤 나는 동전을 떠올렸다.

몇 년 전 나는 즉흥적으로 보석 가게에서 1922년도 피스 달러 은화를 샀다. 나는 그 동전을 책상 위에 올려놓고, 생각이 꽉 막힐 때마다 동전을 뒤집었다. 동전을 쥐었을 때 손바닥에서 느껴지는 그 느낌이 좋았다. 트위터, 이메일, 줌 회의… 내가 하는 일 중 그 무엇도 실제로 만질 수 있는 게 없었는데 묵직한 동전은 눈에 보이고 만져볼 수도 있었기 때문이다. 또한 나는 이 동전이 나를 다른 시대와 연결 지어주는 방식이 좋았다. 동전 위에 새겨진 '1922'라는 숫자는 단순히 오늘날의 도전들 이상의 의미가 인생에 있다는 사실을 상기시켜줬다. 동전 하나에서 그렇게나 많은 것을 얻는 게 가능하냐고? 당연하지, 나는 생각 중독자니까. 나는 이제 여러분에게도 이 사실이 확실해졌을 것이라는 생각이 든다.

나는 휴대폰을 사용하지 않고 운전을 할 때마다 성공을 의미하는 작은 상징으로서 1달러 동전 하나를 나 자신에게 선물하기로 결심했다. 동전들이 마치 코끼리 무덤처럼 쌓인 우리 집 잡동사니 서랍에는 내가 필요한 동전이 하나도 없었기 때문에 200달러어치의 동전을 새로 주문했다.

내가 돈을 찾으러 갔을 때 은행 창구직원은 나를 이상한 사람이라고 생각하지 않았다. 적어도 첫 번째 방문에서는 그랬다. 은행 주차장에서 나는 동전 스물다섯 개를 움켜쥐어서 컵홀더 안에 넣었다. 어딘가 다녀와서 차고 안에 주차할 때까지 운전 중에 휴대폰을 사용하지 않았다면 동전 하나를 내 책상 위에 놓인 커다란 유리단지 안에 넣을 수 있었다. 이 일을 200번 정도 반복했다.

그런데 어느 날 내가 휴대폰 없이 성공적으로 운전을 마친 덕에 번 동전 하나를 단지 안에 넣는 걸 본 아내가 이렇게 말했다.

"당신은 돈을 버는 게 아니야. 당신은 지폐를 은행에 가져가서 동전으로 바꿨지. 그리고 언젠가 당신은 그 동전들을 다시 모아서 지폐로 바꿀 거잖아." 그녀가 말했다.

"당신이 그렇게 말하니까 약간 미친 짓처럼 들리는데, 맞아. 하지만 상관없어. 왜냐하면 효과가 있거든!"

이 말은 내 인생의 사운드트랙에 대한 훌륭한 요약이 된다. "미친 짓처럼 들리지만, 상관없어. 왜냐하면 효과가 있거든." 이 상황에서는 확실히 사실이었다. 단지 안에 동전 하나하나가 모여 200달러가 될 때까지 석 달이 걸렸다. 그쯤되자 나는 더 이상 차 안에서 휴대폰을 사용하지 않게 되었다. 동전은 내 새로운 사운드트랙을 유지하게 만들어줬고, 따라서 나는 내가 우연히 발견한 새로운 승리방식에 대해 궁금해 했다.

왜 효과가 있었는가?

왜 동전이 도움되었는가?

왜 그토록 작은 존재가 커다란 변화를 만들어냈는가?

그 답을 찾기 위해서는 몇 달이나 걸렸지만, 마침내 찾게 되자 답은 너무나 명백했다.

중요한 것은 동전이 아니라, 상징이었다. 올바른 상징은 사운드트랙에서 기적 같은 효과를 발휘할 수 있다.

∵∴∴ **우리 곁에 있는 상징들** ∴∴∵

세상에서 가장 잘나가는 브랜드들이 몇십 년 동안 알고 있었던 사실을 내가 배우기까지는 44년이 걸렸다. 바로 상징은 행동을 일으키는 강력한 방식이라는 사실이다.

믿기지 않는다고? 좋아, 그렇다면 왜 요식업계 차량이 아이스박스 제조업체인 예티 스티커를 붙이고 다님으로써 음식을 시원하게 보관하고 있다는 것을 알린다고 생각하는가? 1990년대에 누군가가 이글루 스티커를 차에 붙이고 다니는 모습을 본 적 있는가? 그런 사람이 아무도 없었지만, 예티는 자기네 제품을 상징으로 탈바꿈시키는 방법을 찾아냈다.

아이스박스에 관심도 없던 회사 경영자들이 이제는 예티라는 상징과 콜라보를 하고 싶어 안달을 낸다. 뒤뜰에서 굽는 햄버거 이야기라도 나오면 그 경영자들은 자기네 아이스박스는 예티 제품이어서 고기를 10일 연속으로 차갑게 보관할 수 있다고 재빨리 말할 것이다.

예티는 로고 스티커를 활용해 여러분의 자동차로 자기네 제품을 광고할 수 있도록 만들었다. 룰루레몬은 대표적인 요가 제품 브랜드로 각인된 로고를 사용한다. 나이키는 여러분 귀에 '저스트 두 잇'이라는 말보다도 빨리 와닿게끔 스우시 로고를 사용한다. 이처럼 세상 모든 성공한 브랜드는 상징이 효과가 있음을 알기 때문에, 이를 활용하는 데 진지하다.

상징과 그 상징에 붙이는 의미들은 우리가 새로운 사운드트랙대로 살아갈 수 있도록 돕는 강력한 도구가 된다. 내가 활용한 동전은 특별하지 않았다. 크기는 작고, 색깔은 흉측한데다 거의 사용할 수 있는 곳도 없었다. 미국에서 1달러 동전을 쓸 수 있는 자판기를 찾을 수 있다면 다행이었다. 나는 정말로 찾아보기도 했다. 하지만 그런 것들은 모두 중요하지 않았다. 그 동전은 이미 내게 특별한 의미가 있었다.

동전은 내가 내 사운드트랙을 사실로 만들어가고 있다는 의미였다. 다시는 교통위반 통지서를 받지 않을 것이란 의미였으며, 아내에게 한 말을 지킬 것이라는 의미였다. 또한 내가 아이들에게 훌륭한 모범이 될 것이라는 의미이기도 했다. 나는 동전이 유리단지 안에 떨어지면서 만들어내는 그 소리를 듣는 것을 좋아하게 되었고, 발전하고 있다는 것을 단지가 가득 채워져 감에 따라 눈으로 확인할 수 있어서 좋았다. 나는 좀 더 자발적으로 아내의 심부름을 맡기 시작했다. 그러면 더 많이 운전을 할 수 있고, 휴대폰을 안 만짐으로써 동전 하나를 또 얻을 수 있었기 때문이었다.

이는 간단하고 즐거운 게임이 되었다. 또한 그런 게임을 하는 사람이 나 하나만은 아니라는 것이 드러났다.

목표의 결승선을 상징으로 만들자

'논문Dissertation'과 '사막Desert'이 공통의 철자를 많이 가지고 있는 이유가 있다. 두 곳 모두 꿈들이 죽어가는 외롭고 지루한 장소이기 때문이다. 박사 과정을 처음 시작할 때는 그다지 세상과 동떨어져 있지 않다. 그때는 강의를 들으면서 만나는 사람들이 더 많다. 교수와 동급생들, 그리고 여러분을 인도해줄 지원 네트워크 등이 있기 때문이다.

하지만 일단 여러분이 학위의 첫 단계를 끝내고 나면 논문이라는 불모지로 향하게 된다. 이 시기는 몇 년 동안이나 지난하게 이어진다. 결승선을 향해 여러분을 끌어줄 사람은 오직 여러분 뿐이다. 일이 끝나 간다는 것을 어떻게 알까? 어떻게 해야 의욕을 잃지 않을 수 있을까? 어떻게 해야 인생이 소란스러워질 때 논문을 우선순위로 만들 수 있을까?

이는 2014년 프리실라 햄몬드가 직면했던 질문들이다. 프리실라는 강의가 모두 끝나고 논문의 사막 한가운데에 덩그러니 남겨졌음을 깨달았다. 프리실라는 이 시기가 끝나길 바랐다. 박사학위를 원하면서도 최종적인 논문을 준비하는 과정에서 외롭고 심란한 기분을 느꼈다. 그러던 어느 날 그녀는 그릿*에 관한 강연을 들었다. 그건 프리실라가 새로운 사운드트랙에 귀를 기울이도록 하는 초대장이 되어 주었다. '나는 논문을 끝낼 수 있는 그릿을 가졌다.'

이는 훌륭한 사운드트랙이었지만 한 번만 들어서는 소용이

---

* 미국의 심리학자인 앤젤라 더크워스가 개념화한 용어로, 성공과 성취를 끌어 내는 데 결정적 역할을 하는 투지 또는 용기를 뜻한다.

없었다. 새로운 사운드트랙 하나를 만들어냈더라도 한 번만으로는 희망이 없다.

그릿을 설명한 연사는 현명해서 그 사실을 알고 있었다. 그래서 청중 한 명 한 명에게 결승선 테이프를 한 조각씩 선물하고, 청중들이 인내심을 가지고 추구하는 목표를 그 위에 써 보도록 제안했다. 프리실라는 깊이 생각할 필요도 없었다. "저는 그 위에 '햄몬드 박사'라고 썼어요."

프리실라는 아직 박사가 아니었고, 여전히 꿈에 불과했지만 그 한 조각의 테이프를 품고 있는 것은 새로운 사운드트랙에 힘을 실어주었다. 프리실라는 내면적으로 '나는 잘 버티고 있어. 내게는 그릿이 있어. 나는 논문을 끝낼 거야'라고 말했고, 외면적으로는 그 결승선 테이프 조각을 지님으로써 이 말에 힘을 실었다. "보세요, 여기 이렇게 쓰여 있잖아요. 햄몬드 박사라고요. 이 꿈은 이뤄질 거예요." 프리실라는 그 테이프를 서랍 속에 넣어놓지 않았다. 가구 깊숙이 처박아 두었다가는 사운드트랙을 듣기 어렵기 때문이었다. "저는 그 테이프를 책상에서 볼 수 있는 자리에 붙였어요." 프리실라는 내게 말했다. 그 테이프는 프리실라의 결승선을 일깨워주는 리마인더이자 미래에서 보내온 유리병 속의 편지였다.

이는 프리실라가 해야 하는 일의 양을 줄어들 게 하지는 않았다. 긍정적인 상징을 사용한다고 해서 마라톤을 위한 훈련의 거리 수가 줄어든다는 의미가 아니다. 그저 그 거리만큼 달리면 반드시 결승선에 도착하게 된다는 의미다. 2년 후 프리실라는 학위를 마쳤다. "2016년 저는 '햄몬드 박사'라는 말을 꿈이 아닌 현실로 쓸 수 있었어요." 프리실라는 그렇게 말했다. 그녀는 지금 사우스캐롤라이나주에서 조교수로 일하고 있다.

결승선 테이프는 상징이었고, 햄몬드 박사를 위해 효과를 발휘했다. 그런데 프리실라의 이야기는 빙산의 일각일 뿐이다. 내가 사람들에게 상징을 사용하는지 묻기 시작하자 여러 이야기가 줄줄이 쏟아져 나왔다.

돌멩이와 서류철과 군번줄

눈을 조금만 돌려도 사운드트랙을 단단하게 만들어주는 상징을 사용하는 사람들이 많이 보였다.

스트롬부르크에서 온 도서관장 모니카 티디만은 책상 위에 돌멩이를 올려놓았다. "시누이와 저는 스팀보트의 피쉬 크릭 폭포를 등산했는데, 우리가 생각했던 것보다 조금 힘들었어요. 그날 저는 꼭대기에서 돌멩이 하나를 주웠고, 절대로 멈추지 않겠다는 말을 늘 떠올리려고 가지고 내려왔어요. 산 정상의 아름다움은 고생할 가치가 있었거든요."

모니카는 그저 그 사실을 잊지 않고, 수백만 가지의 생각과 함께 품고 있기만 할 수도 있었다. 혹은 손가락으로 십자가를 만들며 "절대 멈추지 마. 산 정상의 아름다움은 그만큼 가치가 있으니까"라는 말을 가장 시끄러운 사운드트랙으로 사용하길 다짐할 수도 있었다. 그러나 그녀는 산꼭대기에서 돌멩이 하나를 집어서 책상 위에 올려놓고 리마인더로 사용하는 방법을 택한 것이었다.

캘리포니아주 리알토에서 온 작가인 에릭 피터슨은 경력과 몸무게, 결혼, 그리고 양육에 대한 목표를 늘 기억할 수 있길 바랐다. 에릭이 한 번 본 것은 절대 잊지 않는 사람이어서 그 목표들을 기억할 수 있을지도 모른다. 혹은 이 모든 사운드트랙이 새겨진 군번줄을 주문해서 매일 셔츠 밑에 걸고 있는 방법을 쓸 수도 있다. 에릭에겐 어떤 접근법이 가장 잘 맞았을지 추측해보자.

유타주 린덴에서 온 부부인 라첼과 대런 핸슨은 출판대리인에게 거절의 편지를 받아도 긍정적인 마음을 잃지 않으려고 노력했다. 이는 작가가 되기 위해 반드시 거쳐야 하는 과정 일부이기 때문이다. 핸슨 부부는 그저 '더 훌륭한 태도'만을 갖출 수도 있었지만, '잘했어!'와 '굉장해!'라고 쓰인 스티커를 거절 편지마다 붙였다. 그리고 그 거절 편지들을 다 서류철에 끼워 넣고 '거절은 실패가 아니다. 꿈이 끝나는 것도 아니다'라는 사실을 기억하도록 보관했다. 라첼은 내게 장담했다. '언젠가 나는 그 서류철을 출간된 내 책들 바로 옆에 꽂아놓을 거예요.'

돌멩이는 서류철과 다르고, 서류철은 군번줄과 다르다. 이처럼 사운드트랙을 위한 상징에는 수천 가지가 있지만, 가장 성공한 사람들이 품은 상징에는 세 가지 공통점이 존재한다.

나만의 상징 만드는 법

사운드트랙이 잘 붙어 있길 원한다면 여러분의 상징은 다음의 요소를 반드시 갖춰야 한다.

1. 단순해야 한다.
2. 개인적이어야 한다.
3. 시각적이어야 한다.

나는 적어도 일 년에 한 번은 불렛저널을 쓰는 일에 빠져든다. 본래 브루클린의 디지털 제품 디자이너인 라이더 캐롤이 만들어낸 불렛저널은 여러분의 인생을 기록하고 계획할 수 있는 쉬운 방법으로 알려져 있다. 여러분은 평범한 공책 하나를 꺼내서 해야 할 일 목록과 달력, 가계부, 달의 주기, 철새의 이동패턴, 그리고 매달 쓰다듬어주는 모든 개의 종류 등을 기록한 다음, 내가 처음으로 샀던 자동차보다 비싼 일제 펠트팁 펜으로 꾸며서 완성하면 된다.

그런데 가볍게 시작했어도 급격히 복잡해지고 귀찮아지면서, 공책을 전혀 사용하지 않게 되는 경우도 종종 있다. 이런 일이 여러분에게 벌어지지 않도록 막기 위해 상징은 단순하게 유지하자. 모니카 티디만은 땅에서 돌멩이를 주워 들었다. 그것이 상징을 만들어내는 과정의 전부였다. 여러분이 상징을 생각해낼 만큼 창의적이지 않다고 말한다면 나는 집 근처에 돌멩이

사운드트랙이
잘 붙어 있길 원한다면
여러분의 상징은
다음의 요소를
반드시 갖춰야 한다.

1. 단순해야 한다.
2. 개인적이어야 한다.
3. 시각적이어야 한다.

가 있냐고 물을 것이다. 아마도 있다고 대답하겠지. 지구는 돌멩이로 뒤덮여 있으니까. 여러분이 상징을 만들 때 복잡함을 한 겹 더하면 생각과잉에 빠져버릴 가능성도 커진다. 단순함을 목표로 삼아서 그러한 가능성을 저지하자.

상징은 개인적이어야 한다. 여러분이 바로 그 상징을 사용할 사람이기 때문이다. 나에게 효과적인 상징이어도 다른 사람에게는 정확히 같은 방식으로 작동하지 않을 것이다. 상징은 다른 누군가가 아닌 여러분의 독특한 사운드트랙을 반영해야 한다. 위의 사례들을 읽어보면서 분명 한 번쯤은 '저건 이상한데. 절대 그렇게 못 할 거야'라고 생각했을 게 분명하다. 당연히 그렇다. 그건 다른 누군가의 상징이니까. 나는 개인적으로는 라첼과 대런 같은 거절 서류철을 만들고 싶지는 않다. 거절 경험을 떠오르게 하는 구체적인 물건을 보면 의욕이 사라져 버릴 것 같다. 나는 아마존에서 별 한 개를 받은 내 책의 리뷰를 읽는 것만으로도 쉽게 의욕을 잃는다.

마지막으로, 상징은 눈에 보여야 한다. 눈에서 멀어지면 마음에서도 멀어지는 법이기 때문이다. 자주 보지 않는다면 그건 상징이 아니라 기념품이다. 파나마 시티 비치에서 산 '파인애플 윌리 시푸드'라고 쓰인 우스꽝스러운 티셔츠와 다를 바가 없는 것이다. 집으로 돌아온 후 휴가 서 묻혀온 모래를 터는 순간 옷장 한구석으로 들어가 버리고 만다. 여러분은 생각과잉에 빠지기 쉬운 장소에 여러분의 상징을 놓아둘 필요가 있다.

미시간 남동부의 음악 교사 에이프릴 머피는 가족사진을 상징으로 사용한다. "저는 일터에서 컴퓨터 뒤쪽에 사진 여러 장을 붙여 놓고 저를 지지해주는 가족들을 계속 볼 수 있게 해두었어요. 가족과 떨어져 있다고 느낄 때 지나치게 많은 생각에 휩쓸리거든요." 에이프릴은 생각과잉의 구체적인 원인(고립)에 그와 싸울 수 있는 상징(가족사진)으로 대응하는 것이다.

여러분의 상징은 책상이나 냉장고, 컴퓨터 뒤에 있지 않으면 몸에라도 있어야 한다. 수많은 사람이 새로운 결심을 영원히 간직하기 위한 방식으로 문신을 택한다. 캘리포니아주 뮤리에타의 사진작가인 폴라 리첼 가르시아는 손목 안쪽에 '즐거움'이라는 단어를 문신으로 새겼다. 폴라는 이렇게 말했다. "그 문신은 제가 인생을 살면서 모든 상황에 어떻게 반응할 것인지 선택해야 한다는 것을 상기시켜줘요." 고작 잉크로 쓴 세 글자일지 몰라도, 폴라는 "이 단어로 부정적인 생각을 즉각 그만두고 긍정적인 면을 찾기 시작하는 연습을 하는데 (처음에는 아주 어려울 수 있지만) 하면 할수록 더욱 쉬워져요"라고 말한다.

에이프릴 토마스는 자기 문신에 대해 더욱 직설적으로 평가했다. "제게는 밥 로스의 '행복한 나무' 문신이 있어요. 제 상태가 엉망진창일 때 그 문신은 저를 다시 긍정적인 상태로 쑥 밀어 올려주죠."

문신이 그림일 때도 있고, 문구일 때도 있지만 그 의미는 같다. "이 상징은 남은 인생 동안 늘 떠올리고 싶은 것이기 때문에 제게 너무나 중요해요."

왜 자선 팔찌인 랜스 암스트롱의 리브 스트롱Livestrong이 그토록 성공했는지 아는가? 왜 수천만 명의 사람들이 그 팔찌를 끼고 다녔는지 아는가? 왜냐하면 그 팔찌는 단순하고, 개인적이며, 눈에 잘 띄었기 때문이다. 누구나 쉽게 그 팔찌를 찰 수 있었고, 팔찌에는 설명서가 딸려오지 않았다. "그러니까 여기 있는 구멍으로 손을 집어넣으라는 말씀이시죠? 그 부분을 다시 한 번 이야기해주시겠어요? 제발요." 이런 질문도 필요없었다. 또한 그 팔찌를 차는 사람들에게는 각자의 중요한 의미도 있었다. 팔찌에 관해 물어보면 사람들은 "저는 암 연구를 후원하기 위해 이 팔찌를 껴요. 우리 어머니는 너무 젊었을 때 돌아가셨거든요"라고 말하기도 했다. 나는 단 한 번도 "저는 그 암이라는 단어는 싫어해요. 개인적으로 암에 걸린 사람을 한 명도 알지 못하거든요. 저는 그저 일반적인 모든 질병에 반대하는 거예요. 제 습진 후원 목걸이 좀 볼래요?"라고 말하는 사람을 만난 적은 없다.

그리고 이 팔찌는 극단적으로 눈에 잘 띄었다. 나이키는 이 팔찌를 밝은 회색으로 만들 수도 있었고, 배경에 훨씬 더 쉽게 녹아드는 색상으로 만들 수도 있었지만 그러지 않았다. 나이키는 일부러 밝은 노란색으로 팔찌를 만들었다.

일단 하나 고르자

몇 년 전, 마이크 피슬리 박사와 함께 다른 사람들도 생각과 잉으로 허우적대는지 보기 위해 첫 조사를 시작했을 무렵, 많은 사람이 그 설문지를 완성하지 못한다는 사실에 깜짝 놀랐다. 설문지를 끝내려면 고작 몇 분이면 충분했지만 "저는 3번 문제까지만 풀었어요. 답변을 계속 생각하고 또 생각하느라요"라는 내용의 이메일을 수십 통 받았다.

아마도 이것이 여러분이 지나친 생각중독자라는 가장 확실한 신호일 수 있다. 여러분은 생각과잉에 관한 설문지에 답하느라 생각과잉에 빠지고 마는 것이다. 나는 그런 일이 왜 벌어지는지를 이해하고, 이 순간에도 지나치게 많은 생각을 하게 될 수 있다는 것도 안다. 여러분은 자기에게 가장 완벽한 상징이 무엇일까 고심하느라 몇 시간을, 며칠을, 심지어 몇 주를 보낼 수 있다. 아니면 내가 여러분을 위해 잘 모아둔 이 간단한 목록에서 하나를 골라 넘어가 보는 건 어떨까?

오늘 여러분이 사용할 수 있는 상징들

1. 큰일은 언제나 작은 것에서 시작한다고 다시 한 번 상기시켜주는 도토리. 도토리는 바깥에서 공짜로 주울 수 있다. 다람쥐를 따라다녀 보자.

2. '가즈아!'라는 의미를 가진 옷. 여러분이 히어로라도 되듯 딱 알맞게 늘어뜨려진 망토를 가지고 있는 게 아니라면 굳이 망토를 구해서 입을 필요는 없다. 하지만 추가적인 용기가 필요한 날에 언제나 두를 수 있는 스카프 정도는 있을 수도 있다. 나는 10년 동안 무대에 오를 때만 입는 '말하기용 청바지'를 가지고 있다.

3. 여러분이 계속 북쪽 끝으로 향하게 해주는 나침반. 월마트 캠핑 코너에서 사거나, 골동품 가게에 가서 복고풍으로 하나를 사도 좋다. 여러분이 수평선 너머를 계속 지켜볼 수 있게 용기를 북돋아주는 항해용 육분의*를 찾을 수 있다면 금상첨화다.

4. 마이크. 나는 이 방법을 실천하고 나서야 내가 12년 동안 마이크 하나를 상징으로써 사용해 왔음을 깨달았다. 나는 나만의 마이크를 들고 출장을 다닌다. 행사에서 매번 상자에 든 마이크를 꺼내 들 때면 그 마이크는 내가 전문가라는 믿음을 강화해준다. 그 마이크는 내 귀에 맞춰 본뜬 이어폰과 연결되어 나의 동선을 음향담당자에게 전달하는 역할도 한다. 당신의 경력이나 직업에 연결되어 있고 자신감을 전해주는 장비를 찾아보자.

5. 휴대폰 잠금화면이나 컴퓨터 바탕화면으로 쓸 수 있는 가장 좋아하는

---

* 각도와 거리를 정확하게 재는 데 쓰이는 광학 기계이다.

269

사진. 틀림없이 에이프릴 머피처럼 가족사진일 수도 있고, 아니면 영감을 안겨준다고 느낀 물건이나 장소의 사진일 수도 있다. 래퍼 드레이크는 음악계에서 성공하면 사들이고 싶은 캘리포니아의 꿈의 집 사진을 가지고 다녔다. 음반 회사와 계약을 하기도 전부터 드레이크는 5년 이상 그 꿈의 집 사진을 컴퓨터 배경 화면으로 설정해놓았다. 반 십 년 동안 그 사진을 들여다본 끝에 드레이크는 마침내 2012년 그 집을 살 수 있었다.

6. 여러분이 사랑하는 명언을 쓴 액자. 인터넷에서 동기부여 명언을 찾기 위해서는 약 14초면 된다. 다만 검색으로 찾은 그 문장이 14살 소녀가 틱톡에서 높은 목소리로 할 법한 말처럼 들린다면 미켈란젤로 같은 14세기 이탈리아 화가는 진짜로 그런 말을 하지 않았을 것이라는 점을 염두에 두자.

7. 일 년 내내 계속되는 즐거움을 더하기 위해 책상 주변에 두른 크리스마스트리 조명 한 줄. 바로 지금 내 사무실에도 걸려 있다. 일 년에 한 달만 조명이 반짝거리는 것만으로는 충분치 않기 때문이다.

8. 친구가 건네준 응원의 쪽지. 나는 책상 옆에 그런 쪽지로 가득 찬 상자를 놓아두고 가끔씩 꺼내 본다.

9. 새로운 사업으로 번 첫 1달러. 왜 식당과 식료품점에서 "우리가 번 첫 1달러" 액자를 걸어두는지 궁금해 해본 적이 있는가? 돈은 힘겨운 상황 속에서도 이들이 계속 앞으로 나아가게 용기를 북돋아주는 상징이기 때문이다.

10. 필기감이 좋은 펜. 비싼 펜이거나 상아를 깎아 만든 귀한 펜일 필요는 없다. 나는 일 년에 몇 차례씩 펜을 여러 박스 사들인다. 값이 싼 볼펜

이지만 그 펜을 쥐면 좋은 아이디어를 써 내려가기가 더 쉬울 것처럼 느껴진다.

11. 여러분이 실제로 잘 키울 수 있는 화분. 떡갈잎 고무나무는 키우지 말자. 그 나무는 인스타그램에서나 잘 자라는 나무다. 대신에 알로에 화분을 한 번 키워보자. 나는 19년 동안 같은 알로에를 키워왔다. 결혼할 때 그 화분을 샀고, 내게는 우리의 관계를 계속 성장시켜 나간다는 리마인더가 되어준다.

12. 어린 시절 장난감. 내가 레고 이야기를 충분히 했던가? 그러면 알 것이다. 나는 또한 매치박스 자동차와 지아이조 액션피겨, 그리고 〈월리를 찾아라〉의 작은 월리 모형을 사무실에 놓아두었다. 즐거움을 상징하는 작은 것들을 주변에 둔다면 즐거움이 중요하다는 사실을 기억하기가 더욱 쉬워진다.

13. 지포 라이터. 나는 담배를 피지 않지만, 대학 시절 두 명의 친구와 함께 졸업을 기념해서 각인을 넣은 지포 라이터를 하나씩 샀다. 우리는 지러브 앤드 스페셜 소스의 가사를 라이터에 새겼고, 아마도 우리는 그 상점에서 그 가사를 새긴 처음이자 마지막 인간들이었을 것이다.

14. 여행 가서 사 온 머그. 스타벅스는 이러한 상징을 깜짝 놀랄 정도로 모으기 쉽게 만들었다. 나는 대중강연가로서 경력을 시작하면서 출장을 가는 도시마다 스타벅스 도시머그를 하나씩 사서 내가 추진력을 얻고 있다는 리마인더로 삼는다.

15. 이미 우리가 거친 모험과 앞으로 하게 될 모험을 떠오르게 만드는 콘서트 티켓, 영화표 귀퉁이, 스키 리프트권, 항공권, 그 외에 유사한 종잇조각들.

16. 액세서리. 나는 상어 이빨 목걸이를 달고 다니는 유형의 남자는 아니지만, 언젠가 그런 사람과 친구가 되고 싶다. 여러분이 염두에 두고 있는 사람이라면 악어 이빨 목걸이도 인정하겠다. 팔찌, 목걸이, 반지, 또는 귀걸이는 생활 속에서 착용할 수 있는 리마인더를 추가하는 쉬운 방법이다.

17. 처음 참가한 5km 마라톤에서 받은 등번호표. 나는 마라톤 경기에 나갈 때마다 받은 메달로 가득 찬 책상 서랍이 있는데, 내게 더 열심히 하라는 영감을 안겨준다.

18. 조개껍데기. 바다는 언제나 내 고민이 대서양과 비교하면 보잘것없다는 것을 느끼게 도와준다. 조개껍데기를 들여다보는 것은 내 고향 테네시에서 바닷가를 찾아가는 것보다 말도 안 되게 쉽다.

19. 상패. 레코딩 아카데미 측에서 내 오디오북을 인정하지 않는 탓에 나는 아직 그래미 상을 타지 못했지만(이건 정치문제다), 내가 성공적으로 해낸 일마다 작은 상패들을 만들어 사무실에 죽 진열해놓는다.

20. 머나먼 미래에 당신 이름으로 발행된 수표. 짐 캐리는 아무도 눈여겨 봐주지 않고 생활고에 시달리던 코미디언 시절에 자기 이름 앞으로 '출연료' 명목의 천만 달러 수표를 썼다. 짐 캐리는 언젠가 그 수표를 현금으로 바꿀 수 있는 날이 올 것이라 희망하며 몇 년 동안이나 가지고 다녔다. 10년 후 그는 영화 '덤 앤 더머'로 출연료 천만 달러를 받았고, 그 상징은 더이상 어리석지 않았다.

분명 위의 목록 중에 여러분에게 효과를 발휘할 상징을 찾아낼 수 있으리라. 이제 여러분은 스스로가 무엇을 찾고 있는지 알고 있고, 이미 한 가지 상징을 사용하고 있다는 사실에 놀랄지도 모른다. 어느 쪽이든, 그 상징을 훨씬 더 눈에 잘 띄게 만들어서 그 힘을 강화시켜주자. 그렇게 할 수 있는 최고의 방법은 온라인에서 상징을 공유하는 것이다. 인스타그램에 #soundtracks라는 태그와 함께 여러분의 상징을 올리고 @JonAcuff를 태그해서 내가 여러분을 응원할 수 있게 해주시길!

에필로그

행사기획자로부터 첫 메시지를 받은 지 12년이 흐른 뒤, 나는 또 다른 메시지를 받았다.

"우리 자선행사를 위해 라이먼에서 코미디 공연을 해줄 수 있나요?"

문자메시지에서 돌리 파튼을 언급하지 않아서 다행이다. 만약 그랬다면 나는 커피숍에서 찔끔 바지에 쉬를 하고 말았을 테니까. 내게 돌리 파튼을 언급하지 않았지만 이 강연 요청은 그 자체로도 믿기 어려울 만큼 좋았다.

여러분이 내슈빌에 가본 적 없거나 컨트리뮤직을 잘 모른다면 라이먼 오디토리움에 관해 잘 모를 수도 있다. 라이먼은 컨트리뮤직의 본거지로 일컬어지는 곳이며, 그랜드 올 오프리 Grand Ole Opry*의 옛 둥지이자 미국에서 가장 상징적인 공연장

---

* 미국에서 가장 오래된 컨트리뮤직 공개방송이다.

가운데 하나다. 행크 윌리엄스부터 조니 캐쉬, 후디니부터 밥 호프에 이르기까지 1892년 라이먼이 문을 연 이래 모두가 이곳에서 공연했다. 라이먼은 모든 음악가의 로망이며 내가 2010년 내슈빌로 이사한 이후로 내 버킷리스트에도 올라와 있었다.

나는 그 제안을 받고 뛸 듯이 기뻤지만 약간은 겁이 나기도 했다. 기업 강연의 세계에서는 유머로 유명했어도, 나는 결코 순수 코미디언이 아니었다. 보통 내 앞 순서 강연자는 변동금리 모기지의 복잡한 내용을 다룬다. 이러한 상황에서는 내가 청중들을 죽을 정도로 웃기기가 더 쉬워진다.

그런데 이 행사는 완전히 다른 문제였다. 라이먼 오디토리움에서 나는 코미디언을 기대하는 청중들에게 코미디를 선보여야 했다. 까딱했다간 내 가족의 이름에 먹칠을 할 수도 있었다. 우리 할아버지의 사촌인 로이 에이커프는 그랜드 올 오프리에 40년 이상 출연할 정도로 컨트리뮤직의 왕으로 유명하다. 그리고 켄 번스가 컨트리뮤직이라는 장르에 관해 제작한 PBS 다큐멘터리에도 여러 차례 등장했다. 심지어 라이먼 로비에는 코미디언 미니 펄과 함께 로이의 동상까지 서 있다.

나는 어마어마한 압박감을 느끼던 중 돌리 파튼이 주연이라는 이야기를 들었다. 나는 라이먼에서 돌리 파튼 공연의 오프닝을 맡게 된 것이다. 돌리 파튼은 미국의 아이콘이자, 돌리우드라는 이름의 테마파크도 가지고 있다. 또한 '아이 윌 올웨이즈 러브 유'라는 고전 히트곡을 썼고, 자신의 재단에서 이매지네이션 라이브러리 프로그램을 통해 불우한 어린이들에게 1억

5천만 권의 책을 나눠주는 활동도 한다. 이는 일생일대 단 한 번뿐인 기회처럼 느껴졌고, 나는 이 기회를 날려 보내고 싶지 않아서 승낙했다.

행사가 열리는 밤, 나는 우리에 갇힌 동물처럼 복도를 왔다 갔다 걸어 다녔다. 코미디언에게는 대기실이 제공되지 않아서, 나는 십 분씩 두 번이라는 내 공연 순서가 돌아올 때까지 다섯 시간을 꼬박 무대 옆에서 기다렸다. 유명한 컨트리뮤직 가수들이 계속 내게 다가와 "당신은 코미디언이에요? 즐거운 시간 보내세요!"라고 말했다. 이들은 모두 라이먼에서 수십 번이나 공연을 해왔기에 완전히 편안해 보였다. 나는 내 스포츠코트 위로 공포에 질린 땀을 뚝뚝 흘리지 않도록 정신을 집중했다.

내가 돌리를 만났을 때(어쩌면 여러분은 언제 내가 돌리를 이름으로만 부르는 절친이 되었는지 물어볼 수도 있을 거라 생각한다) 돌리는 말도 안 되게 친절했다. 내가 로이 에이커프와 친척이라는 말을 하자 돌리는 "어머나! 로이는 왕이었어요!"라며 반색했다. 나는 그녀에게 기회를 줘서 감사하다고 말했고 사진을 찍으면서 초조해 보이지 않으려고 노력했다.

공명판 옆에 서서 내 차례를 알리는 신호를 기다리며, 나는 2008년 처음으로 강연 요청 이메일을 받은 때로부터 먼 길을 걸어온 느낌을 받았다. 고작 12년이지만 너무나 많은 것들이 변했다. 나는 이제 애틀랜타가 아닌 내슈빌에 살고 있고, 갓난쟁이가 아닌 십대 딸 두 명을 키우고 있으며, 0권이 아닌 6권의 책을 썼다. 하지만 한 가지만큼은 그대로였다.

여러분이 새로운 사운드트랙에
귀를 기울이면
무슨 일이 벌어지는지 아는가?
여러분은
여러분의 꿈에 더 많은
시간과 창의성,
그리고 생산성을
선사하게 된다.

나는 아직도 그 옛날에 시작된 똑같은 사운드트랙을 듣고 있었다. '나는 대중강연가가 될 수 있다고 생각해'라는 사운드트랙 말이다. 나는 여전히 엉터리 사운드트랙이 연주를 시작하려고 하면 적극적으로 볼륨을 낮춘다. 그리고 내 새로운 사운드트랙에 엮여 있기 위해 동전과 형광 초록색 운동화 같은 상징들을 사용한다. 말하기용 청바지도 아직 입는다.

나는 12년 동안 사운드트랙을 물리치고, 교체하고, 반복해온 것이다.

나는 분명 신경이 곤두서 있음에도 불구하고 더 이상은 지나치게 넘쳐나는 생각에 갇히지 않았다. 예전처럼 생각이 내가 원하는 것을 방해하지 못했다. 나는 저 어둠 속에 2,300명의 사람이 앉아서 내가 조명 아래로 성큼 나타나길 기다리고 있음을 볼 수 있었다. 그리고 나는 내가 그 무대를 휘어잡을 것임을 알았다. 내 치과용 농담이 올랜도에서와는 달리 이번에는 통하지 않겠지만, 관객들을 반하게 만들 돌리 파튼에 대한 몇 가지 신선한 농담들을 준비했기에 자신있었다.

행사가 끝난 후 한 친구가 내게 흥미로운 질문을 던졌다.

"네가 돌리 파튼을 위해 라이먼에서 오프닝을 맡을 거라고 생각해본 적 있어?"

나는 웃으면서 그 질문을 대수롭지 않게 넘겼지만, 그날 밤 집으로 돌아오는 길에 차 안에서 문득 진실이 내게 와닿았다.

나는 내가 돌리 파튼을 위해 라이먼에서 오프닝을 맡을 거라고 생각했던가?

그랬다. 나는 그렇게 생각했었다.

사실 초기에 내가 가진 것이라고는 생각이 전부였다. 생각은 한 걸음 한 걸음 모든 과정을 거치면서 마침내 다다르게 될 목적지가 되어 주었다. 나는 내가 대중강연가가 될 수 있을 거라고 생각해. 나는 내가 작가가 될 수 있을 거라고 생각해. 나는 내가 사업을 시작할 수 있을 거라고 생각해.

처음 새로운 사운드트랙을 들었을 때 나는 구체적으로 돌리 파튼이나 라이먼을 예견하지는 못했지만, 그런 식의 행사를 할 수 있을 것이라고는 분명 생각했다.

나는 여러분도 할 수 있다고 생각한다. 왜냐하면 여러분은 지나치게 생각을 많이 하기 때문이다. 여러분은 세상에서 가장 개발이 덜 된 자원 위에 앉아 있는 셈이다. 생각과잉은 여러분이 엉터리 사운드트랙에 귀를 기울이게 만들어서 시간과 창의력과 생산성을 앗아간다. 여러분이 새로운 사운드트랙에 귀를 기울일 때 어떤 일이 벌어질지 아는가? 여러분의 꿈에 시간과 창의력과 생산성을 선사하게 되는 것이다. 그냥 '찔끔'이 아니라 한가득.

여러분은 여러분의 사운드트랙으로 무엇을 하게 될까?

나는 그게 몹시 알고 싶어 기다릴 수 없을 정도다.

어쩌면 12년이 걸릴 수도 있다. 12개월 혹은 12일일 수도 있다. 나는 잘 모르지만, 언젠가 나는 여러분을 행사에서, 식료품점에서, 온라인에서 우연히 만나게 될 것임을 안다. 그때 여러분은 내게 여러분만의 볼륨 낮추기 기법과 상징, 더 이상 듣지 않는 엉터리 사운드트랙에 관해 이야기해줄 것이다. 또한 여러분이 오늘날 인생을 헤쳐나가면서 얻은 새로운 사운드트랙에 관해서도 내게 들려주리라.

내 사운드트랙은 내가 대중강연가가 될 수 있다고 말했다. 그 사운드트랙은 "…할 수 있을 거라고 생각해"라는 말과 함께 시작되었다.

여러분이 호텔을 짓든, 접수 담당자에서 CEO가 되든, 건강을 유지하든, 아니면 지금으로서는 상상도 할 수 없는 어떤 꿈을 좇든 여러분이 내게 이루고 싶은 것에 대해 말한다면 내 반응은 항상 같을 것이다.

여러분은 할 수있다. 생각과잉의 은밀한 힘을 어떻게 활용하면 되는지 알게 되었으니까.

새로운 찬가 챌린지

이번 달은 매일 세 가지 일을 하자. 1. 아침용 찬가를 읽는다. 2. 저녁용 찬가를 읽는다. 3. 여러분이 선택한 목표와 관련된 한 가지 행동을 완수한다. 세 가지 일을 완수했다면 아래의 상자에 체크하자. 추진력이 이끌어가는 한 달을 보내 보자!

나, ( ) 은 ( ) 을 할 것이다.

1 □ 오전 □ 오후 □ 행동	2 □ 오전 □ 오후 □ 행동	3 □ 오전 □ 오후 □ 행동	4 □ 오전 □ 오후 □ 행동	5 □ 오전 □ 오후 □ 행동
6 □ 오전 □ 오후 □ 행동	7 □ 오전 □ 오후 □ 행동	8 □ 오전 □ 오후 □ 행동	9 □ 오전 □ 오후 □ 행동	10 □ 오전 □ 오후 □ 행동
11 □ 오전 □ 오후 □ 행동	12 □ 오전 □ 오후 □ 행동	13 □ 오전 □ 오후 □ 행동	14 □ 오전 □ 오후 □ 행동	15 □ 오전 □ 오후 □ 행동
16 □ 오전 □ 오후 □ 행동	17 □ 오전 □ 오후 □ 행동	18 □ 오전 □ 오후 □ 행동	19 □ 오전 □ 오후 □ 행동	20 □ 오전 □ 오후 □ 행동
21 □ 오전 □ 오후 □ 행동	22 □ 오전 □ 오후 □ 행동	23 □ 오전 □ 오후 □ 행동	24 □ 오전 □ 오후 □ 행동	25 □ 오전 □ 오후 □ 행동
26 □ 오전 □ 오후 □ 행동	27 □ 오전 □ 오후 □ 행동	28 □ 오전 □ 오후 □ 행동	29 □ 오전 □ 오후 □ 행동	30 □ 오전 □ 오후 □ 행동

생각도 생각이 필요해

초판 1쇄 발행   2022년 1월 30일
초판 2쇄 발행   2022년 3월 15일

지은이 ｜ 존 에이커프
발행인 ｜ 홍경숙
발행처 ｜ 위너스북

경영총괄 ｜ 안경찬
기획편집 ｜ 박혜민, 안미성
마케팅 ｜ 박미애

출판등록 ｜ 2008년 5월 2일 제2008-000221호
주소 ｜ 서울 마포구 토정로 222, 201호(한국출판콘텐츠센터)
주문전화 ｜ 02-325-8901
팩스 ｜ 02-325-8902

디자인 ｜ 김수미
일러스트 ｜ JUNO
지업사 ｜ 한서지업
인쇄 ｜ 영신문화사

ISBN   979-11-89352-48-6   (13190)

＊ 책값은 뒤표지에 있습니다.
＊ 잘못된 책이나 파손된 책은 구입하신 서점에서 교환해 드립니다.
＊ 위너스북에서는 출판을 원하시는 분, 좋은 출판 아이디어를 갖고 계신 분들의 문의를 기다리고 있습니다.
   winnersbook@naver.com ｜ tel 02) 325-8901